Sallie Walrond

Fahren lernen

Ein Lehrgang
für Fahrer und Pferd

Franckh'sche
Verlagshandlung
Stuttgart

Aus dem Englischen übertragen und bearbeitet von Dr. Marion Giebel
Fachliche Beratung: Dr. Anton Haug
Titel der Originalausgabe: „A Guide to Driving Horses"
Thomas Nelson & Sons Ltd., London 1971
© 1971, Sallie Walrond
46 Zeichnungen im Text aus dem Original und von Eva Hohrath. 8 Fotos von W. S. Pearson, Daphne Machin Goodall, Monty, John Nestle, George Mossman, Bury Free Press, David Dunn

Umschlaggestaltung: Siegfried Fischer, unter Verwendung eines Dias von Uwe Höch

CIP-Kurztitelaufnahme der Deutschen Bibliothek

Walrond, Sallie
Fahren lernen : e. Lehrgang für Fahrer und Pferd.
– 1. Aufl. – Stuttgart : Franckh, 1978.
 (Franckhs Reiterbibliothek)
 Einheitssacht.: A guide to driving horses ‹dt.›
 ISBN 3-440-04523-4

Franckh'sche Verlagshandlung W. Keller & Co., Stuttgart/1978
Alle Rechte an der deutschen Ausgabe, insbesondere das Recht der Vervielfältigung und Verbreitung, vorbehalten. Kein Teil des Werkes darf in irgendeiner Form (durch Fotokopie, Mikrofilm oder ein anderes Verfahren) ohne schriftliche Genehmigung des Verlags reproduziert oder unter Verwendung elektronischer Systeme verarbeitet, vervielfältigt oder verbreitet werden.
Für die deutsche Ausgabe:
© 1978, Franckh'sche Verlagshandlung, W. Keller & Co., Stuttgart
Printed in Germany/Imprimé en Allemagne/LH 9/Fi/ISBN 3-440-04523-4
Gesamtherstellung: Konrad Triltsch, Graphischer Betrieb, Würzburg

Fahren lernen

Fahrsport in Deutschland – lebendige Tradition ... 7

Einspänner. ... 11
Das Aufschirren (Kumtgeschirr) ... 11
Fahrgebisse ... 17
Das Anspannen ... 18
Das Aufsitzen ... 21
Die Grundhaltung oder Fahren mit einer Hand ... 22
Die Gebrauchshaltung ... 23
Die Dressurhaltung ... 23
Sitz und Haltung des Fahrers ... 24
Der Gebrauch der Peitsche ... 25
Das Anfahren ... 27
Der Wagen im Gleichgewicht ... 29
Die Wendungen ... 30
Das Verlängern und Verkürzen der Leinen ... 31
Das Abspannen ... 31
Schlittenfahren ... 32

Zweispänner. ... 33
Zweispännerkumtgeschirr ... 34
Das Anspannen ... 41
Das Aufsitzen ... 44
Das Anfahren ... 45
Grundschnallungen der Kreuzleine (Achenbachleine) ... 46
Bergabfahren und Wendungen ... 48
Rückwärtsrichten ... 49

Tandemfahren ... 50
Vorübungen zum Tandemfahren ... 53
Tandemgeschirr und -anspannung ... 54
Das Anspannen ... 58

Das Anfahren 59
Die Arbeitseinteilung beim Tandem 61
Wendungen beim Tandemfahren 61
Bergauf- und Bergabfahren 64
Der Gebrauch der Peitsche beim Tandem 65

Die Grundausbildung: Longenarbeit 68

Zweite Stufe der Grundausbildung: Das Einfahren . . 79

Die Vorbereitung aufs Turnier 94
Turnieranspann 97
Lampen und weiteres Zubehör 97
Der Anzug des Fahrers 101
Der Transport 102

Die Teilnahme am Turnier 103
Prüfungen für Wagenpferde 103

Wagen für den Fahrsport und ihre Geschichte . . . 113

Die Pflege des Wagens 126

Literaturverzeichnis. 130

Firmenverzeichnis 130

Sachregister 131

Fahrsport in Deutschland – lebendige Tradition

Der Fahrsport gehört in Deutschland seit jeher zu den erfolgreichen sportlichen Disziplinen. Die großen Turniere – vor dem Krieg in Berlin, jetzt in Aachen und Hamburg – zeigen glanzvolle Leistungen der Fahrer, die oft zugleich Züchter sind, hervorragend herausgebrachte Gespanne und bestechend schöne und harmonisch gehende Pferde. Auch im Ausland sind die deutschen Fahrer erfolgreich. So konnten sie zum Beispiel 1976 bei der Weltmeisterschaft in Apeldoorn/Holland sowohl in der Einzel- wie auch in der Mannschaftswertung die Silbermedaille erringen.

Das Fahren hat eine große Tradition, die vor allem von einem Mann geprägt wurde: Benno von Achenbach, geboren 1861 in Düsseldorf, gestorben 1936 in Berlin. Er studierte den Fahrsport in verschiedenen Ländern und erarbeitete ein eigenes Fahr- und Anspannungssystem, das als Achenbach-System bis heute für den Fahrsport verbindlich ist.

Es ist bezeichnend, daß der Ausgangspunkt für Achenbach kein sportlicher, sondern ein tierschützerischer Gedanke war: Bereits als Junge begleitete er seine Eltern auf ihren Reisen und überlegte, wie man durch sachgemäße Ausbildung der Fahrer und zweckdienliche Anspannung dem Wagenpferd seinen schweren Beruf erleichtern und einen schönen Fahrstil erreichen könne. Viele Jahre fuhr er im In- und Ausland und kutschierte die berühmtesten Gespanne seiner Zeit. Vor allem die Begegnung mit dem englischen Fahrstil wurde für Achenbach bedeutsam.

Der Fahrsport war in England bereits im 18. Jahrhundert sehr verbreitet, ja England läßt sich geradezu als das „Kulturland des Fahrsports" (Max Pape) bezeichnen. Achenbach selbst hat den Engländer Edwin Howlett als seinen Lehrer genannt und betont, wieviel er ihm verdankte. Im englischen Fahrsport fand Achenbach höchste Zweckmäßigkeit in der Anspannung mit pferdeschonender Fahrweise vereint, und er entwickelte auf der Grundlage des englischen

Fahrsystems seine Fahrlehre, die gleichzeitig die Prinzipien der hochentwickelten deutschen Reitkunst einbezog. Achenbach forderte geradezu ein „Dressurpferd am Wagen". Das Fahrpferd sollte, um allen Anforderungen mühelos und ohne Verschleiß gerecht werden zu können, völlig gymnastiziert und durchlässig sein. Nur eine gründliche, systematische Ausbildung und Schulung unter dem Sattel wie vor dem Wagen ergibt ein Pferd, das biegsam und flüssig in seinen Bewegungen und dabei äußerst gehorsam und leicht in der Hand des Fahrers wird.

Die Kriterien des Reitsports werden nicht nur auf das Pferd, sondern auch auf den Fahrer übertragen. Oberstes Gebot ist die größtmögliche Schonung und Einfühlung und ein sparsam-zweckmäßiger Anspann. Wie beim Reiten soll mangelnde Ausbildung nicht durch Zuhilfenahme mechanischer Mittel (Hilfszügel, besonders scharfe Gebisse) überdeckt werden. Um die Pferde zu schonen, braucht der Fahrer eine besonders weiche, nachgebende Hand, und Achenbach legt dem Fahrer nahe, „bei der Arbeit den Gedanken ununterbrochen durch die Hand zu leiten: ‚Ob meine Hand noch vorsichtiger führen kann?'"

Um eine möglichst gute Arbeitseinteilung beim Mehrspänner zu erreichen, entwickelte Achenbach aus der englischen Kreuzleine eine Leine, die ein präzises Verschnallen vom Bock aus erlaubte. Sie erhielt nach ihm den Namen Achenbachleine.

Sein Ruf als Fahrsportexperte brachte ihm 1906 die Leitung des kaiserlichen Marstalls in Berlin ein, und bald fuhr man im Heer wie auch in privaten Ställen allgemein „nach Achenbach". Seine Grundsätze wurden in die Turnierordnung übernommen, und sein Buch „Anspannen und Fahren" wurde zum Standardwerk des Fahrsports. Achenbachs Schüler, Oberst a. D. Max Pape, gab die Lehren seines Ausbilders in seinem Werk „Die Kunst des Fahrens" weiter.

Pape und andere prominente Vertreter des deutschen Fahrsports, wie zum Beispiel Oberst a. D. Wilhelm Schaeffer, waren maßgeblich an der Entwicklung des internationalen Fahrreglements beteiligt. Bei der Erarbeitung dieses Reglements verbanden sich wieder, wie bei Achenbach, deutsche und englische Fahrtradition. 1969 wurde der Fahrsport als neue Disziplin der FEI (Internationale Reiterliche Vereinigung) unterstellt.

Auch die neue Leistungsprüfungsordnung (LPO) trägt dem Fahrsport besonders Rechnung. Der Abschnitt „Besondere Bestimmungen für das Fahren" wurde erweitert, und die neugeschaffene Kategorie C bei Leistungsprüfungen, die gezielt den Hobby-Pferdesportler anspricht, enthält entsprechende Prüfungen für Fahrer.
In den letzten Jahren hat der Fahrsport allgemein eine deutliche Aufwärtsentwicklung zu verzeichnen: So stieg zum Beispiel die Zahl der Fahrer, die das Fahrerabzeichen in Bronze erwarben, von 1973 bis 1975 um fast 50%.
Auch im Hobbysport läßt sich eine erfreuliche Entwicklung beobachten. Hier ist es oft das Pony, das dem Fahrsport neue Freunde aus allen Kreisen und jeden Alters gewonnen hat. Formschöne, bequeme Ponykutschen wurden neu entwickelt, und auf Ponyturnieren sieht man gutgefahrene Gespanne, bei denen neben den Shetlandponys die Haflinger dominieren. In Gegenden, in denen die Ponyzucht gleichberechtigt neben der Großpferdehaltung steht, wie im Rheinland oder in Westfalen, wächst das Interesse am Fahrsport ständig. Gleiches gilt für das Fahren mit Haflingern in Bayern. Die eingeschränkte Reiterlaubnis in Wald und Feld hat ebenfalls dazu beigetragen, daß sich manche Pferdefreunde dem Fahrsport zuwenden, zumal man durch die angelsächsische Art des Militarytrainings darauf aufmerksam gemacht wurde, daß es für ein Pferd mit gesunden Beinen und Hufen durchaus nicht schädlich ist, auf der Straße zu gehen. Schließlich und endlich entdecken viele Menschen ihr Herz für den Fahrsport, die Pferde und den Umgang mit Pferden lieben, auch die nötige Einfühlungsgabe besitzen, aber aus körperlichen oder sonstigen Gründen nicht in den Sattel steigen wollen oder können.
Auch die Touristik hat sich inzwischen die Freude am Fahren in der freien Natur zunutze gemacht. Es werden Reisen mit dem Pferdefahrzeug durch verschiedene Länder angeboten, und wenn hier auch vom sportlichen Fahren keine Rede sein kann, so mag sich doch manch einer im Anschluß an eine solche Tour vornehmen, einmal „richtig" auf den Bock zu steigen und stilgerecht zu fahren.
Es wäre wünschenswert, wenn sich, wie in England seit langem üblich, auch bei uns Fahrer und Fahrerinnen in noch weit größerer Zahl als bisher regelmäßig im Ein- und Zweispänner zu Distanz-

und Sternfahrten träfen, analog zu den bereits eingebürgerten Distanz- und Wanderritten. Die neue LPO sieht in Kategorie C Rallye- und Streckenfahrten für Ein- und Zweispänner vor. Diese Fahrten können so ausgeschrieben werden, daß alle Fahrer, je nach ihrem Können, ihrem Pferdematerial und ihrem sportlichen Ehrgeiz, „ihre" Strecke fahren können. Damit ist für jeden Fahrer ein echter Anreiz gegeben, seinen Leistungsstand und die Kondition seiner Pferde zu überprüfen. Das Ergebnis vermag ihm wertvolle Impulse für die weitere Arbeit zu vermitteln.

Gerade das Zusammensein von reinen Hobbyfahrern und mehr sportlich ausgerichteten Teilnehmern dokumentiert die gemeinsame Basis des Fahrsports, und vor allem die Jugend vermag dadurch manche Anregungen zu erhalten. Auch werden bei solchen Veranstaltungen, die in die freie Natur hinausführen, weitere Kreise mit dem Fahrsport bekannt. Fahrer wie Zuschauer auf der Strecke erleben, was das A und O des Fahrens ausmacht: Ganz gleich, ob man nur sonntags mit dem Ponywägelchen ins Grüne kutschiert oder ob man sportliche Ehren anvisiert, man wird nur gut und pferdeschonend fahren, wenn man die Grundregeln eines korrekten Fahrstils beherrscht.

Marion Giebel

Einspänner

Wenn wir als Neulinge zum Fahrsport kommen, werden wir unsere Karriere in den allermeisten Fällen mit einem gebrauchten Geschirr beginnen. Bei einem solchen Kauf ist jedoch allergrößte Vorsicht geboten, denn was da zum Verkauf steht, ist oft recht fragwürdig, was den Zustand und die Qualität angeht. Leder, das nur mit Schuhcreme poliert wurde, kann auf den ersten Blick prächtig aussehen; unter der Oberfläche ist es jedoch hart, ausgetrocknet und brüchig, weil es nie mit Lederfett beziehungsweise Lederöl eingerieben wurde. Wenn man das Leder biegt, sollte es keine feinen Risse zeigen, sonst besteht die Gefahr, daß es bei einer plötzlichen Beanspruchung reißt.
Man verwendet heutzutage manchmal auch Kunststoff für Geschirre. Das mag für einzelne Teile geeignet sein, wie zum Beispiel für Scheuklappen, es ist jedoch nicht zu empfehlen für Teile, die auf dem Pferd aufliegen, wie zum Beispiel das Kumtkissen. Synthetische Stoffe sind ja nicht in der Lage, den Schweiß sofort aufzusaugen. Auch sollten sie nicht für die Teile Verwendung finden, die durch das Ziehen stark beansprucht werden.
Wenn es irgend geht, kaufen wir unsere Ausrüstung am besten von jemand, der sein Leder ordentlich gepflegt hat, so daß es auf der Innenseite weich und geschmeidig und außen schön glänzend ist.
Nach dem Kauf überprüfen wir jeden Strang und jede Schnalle. Beim geringsten Zweifel: erneuern!
Die einzelnen Teile eines Einspänner-Kumtgeschirrs zeigt das Bild 1 auf der nächsten Seite.

Das Aufschirren (Kumtgeschirr)

Beim Aufschirren des Pferdes beginnen wir mit dem Kumt. Bevor wir dieses dem Pferd über den Kopf streifen, weiten wir es, wenn nötig, erst ein wenig, indem wir unser Knie ins Kumtkissen hinein-

Bild 1. Das Einspänner-Kumtgeschirr

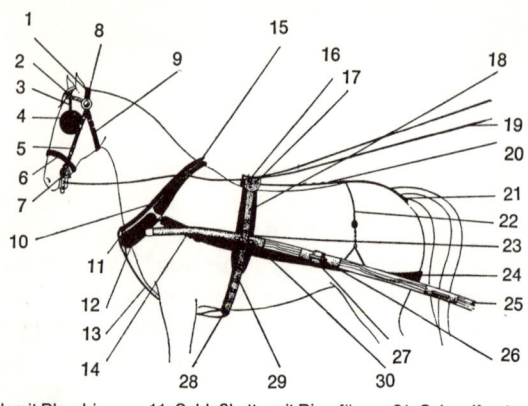

1 Kopfstück mit Blendriemenschnalle
2 Stirnriemen
3 Blendriemen
4 Scheuklappen
5 Backenstück
6 Nasenriemen
7 Fahrgebiß
8 Rosette
9 Kehlriemen
10 Kumtbügel
11 Schlußkette mit Ring für Sprungriemen
12 Kumt
13 Sprungriemen
14 Strangstutze
15 Kumtgürtel
16 Feststehendes Leinenauge
17 Sellette
18 Tragriemen
19 Leine
20 Schweifriemen
21 Schweifmetze
22 Hintergeschirr mit Gabelriemen oder Schlagriemen für Einspänner
23 Trageöse
24 Umgang
25 Scheren bzw. Gabeln
26 Öse für Scherenriemen
27 Strang
28 Großer Bauchgurt
29 Kleiner Bauchgurt
30 Trageösenhalter

stützen und es dabei nach oben ziehen, wozu aber die Kumtbügel vorher ausgeschnallt werden müssen. Dadurch wird das Kumt für den Augenblick etwas aufgeweitet. Wenn man mit dem Kumt an die empfindliche Augenpartie stößt, kann dies sehr schnell dazu führen, daß das Pferd kopfscheu wird. Aus diesem Grund dreht man das Kumt um, so daß es mit seiner größten Weite über die breiteste Stelle des Kopfes geht. Es bleibt in dieser Lage, während die Kumtbügel in die Auskerbung des Kumts eingelegt werden (die Stränge sind befestigt und in einer Schleife in Form einer Acht um das Leinenauge gelegt). Der Kumtgürtel, der jetzt unten ist, muß fest genug angezogen werden, damit die Kumtbügel nicht verrutschen, wenn man das Kumt umdreht. Dies geschieht an der engsten Stelle des Halses; es wird von links nach rechts mit der Mähnenlage gedreht. Dann führt man das Kumt bis auf die Schultern herunter.

Nun wird der Kumtgürtel so festgezogen, daß die Kumtbügel in den Auskerbungen auf der Innenseite des Kumts festgehalten werden. Sie werden unten am Kumt gesichert, und zwar durch einen Hatzenbügel oder stilvoller durch eine Schlußkette (Kumtschließer). Diese sollte aus Stahl sein, mit Messing plattiert, falls auch die Kumtbügel einen Messingbeschlag haben. So paßt beides gut zusammen. Manganbronze, eine neuartige Legierung, die ziemlich ähnlich wie Messing aussieht, erfüllt hier ebenso den Zweck. Massive Messingketten sind nicht sicher, da sie oft sozusagen ohne Vorwarnung brechen. Dem Kumtschließer sollte man ganz besondere Aufmerksamkeit widmen, denn wenn er entzweigeht, rutschen die Kumtbügel aus dem Kumt heraus, und das hat mit ziemlicher Sicherheit recht unangenehme Folgen.

Das richtige Verpassen des Kumts ist das A und O (siehe Bild 2 und 3): Ein Kumt, das für den Halsumfang des Pferdes zu kurz ist und daher zu hoch liegt, engt die Luftröhre ein; das zu enge Kumt drückt und scheuert. Ist es aber zu weit, ruckt es ständig von einer Seite zur andern und drückt auf die Schulterknochen. Durch Druck und Reibung können die Schultern leicht durchgescheuert werden. Ein zu langes Kumt schiebt sich hoch, sobald das Pferd anzieht. Ein gutsitzendes Kumt sollte bequem und flach auf der Schulter aufliegen. Auf der Unterseite muß so reichlich Platz sein, daß man die Hand zwischen Kumt und Vorderbrust stecken kann. Selbstverständlich sollte man auch daran denken, daß ein Kumt, das im einen Jahr bequem gepaßt hat, im nächsten sehr oft auf einmal zu eng sein kann.

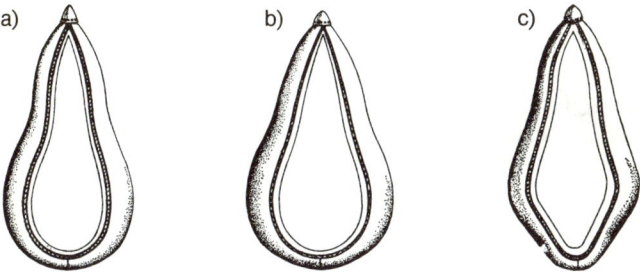

Bild 2. Verschiedene Kumtformen: a) eng, b) weit, c) birnenförmige richtige Form

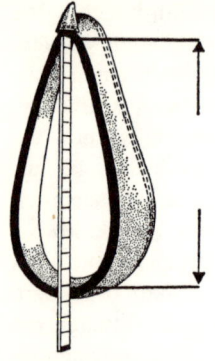

Bild 3. Vermessen eines Kumts

Der Grund: Das Pferd hat inzwischen stärkere Muskeln in der Hals- und Schulterpartie entwickelt.

Wird ein Sprungriemen verwendet, sollte dieser so um die Kumtbügel und das Kumt herumgeschnallt sein, daß das Kumt nicht hochrutscht und die Kumtbügel wenigstens für den Augenblick an ihrem Platz bleiben, falls Kumtschließer oder Schlußkette reißen sollten (siehe Bild 13, Seite 34).

Den Schwierigkeiten, die mit dem Verpassen des Kumts zusammenhängen, kann man aus dem Wege gehen, indem man ein Sielen- oder Brustblattgeschirr verwendet (siehe Foto 4 und 5 sowie Bild 15, S. 36). Es ist viel leichter anzupassen, freilich gilt es für den Turniersport nur bei Landanspannung oder ungarischer Anspannung als stilgerecht. Ein Sielengeschirr ist nicht am Platze, wenn es gilt, schwere Lasten zu ziehen, denn das Gewicht des Fahrzeugs ist nicht über die ganze Schulterfläche verteilt, das Pferd zieht nur mit der Brust. Das Sielengeschirr besteht aus einem breiten, gepolsterten Brustblatt, das von einem schmaleren Halsriemen getragen wird, den man in Schulterhöhe über den Widerrist legt. Es ist darauf zu achten, daß das Brustblatt oberhalb der Buggelenkspitze verschnallt wird. Liegt es zu tief, behindert es nämlich die Schulterfreiheit und scheuert das Pferd sehr schnell wund.

Nun folgen als nächstes in einem Arbeitsgang: Sellette (statt Kammdeckel beim Einspänner) mit Trageriemen und eingeschnallten Trageösen, großer Bauchgurt, Bauchgurtstrippe oder kleiner Bauchgurt, Schweifriemen mit Schweifmetze, Hintergeschirr mit Umgang und Gabelriemen bzw. Schlagriemen. Der Scherenriemen verbindet beide mit der Schere. Das Hintergeschirr ist besonders wichtig bei zweirädrigen Wagen ohne Bremse: Das Pferd hält damit den Wagen auf (z. B. bergab). Die Sellette hat ihren Platz auf der Rückenmitte, nicht zu dicht am Widerrist; das Hintergeschirr muß so verschnallt werden, daß sich die Oberkante des Umgangs eine Handbreit unter dem Sitzbeinhöcker befindet. Der Umgang muß an den Hinterbacken anliegen. Dann wird der Schweifriemen angebracht. Dazu stellt man sich links neben der Hinterhand auf, nimmt den Schweif in die Höhe und schlägt ihn mit der rechten Hand in der Hälfte ein. Nun wird die Schweifmetze über den eingeschlagenen Schweif gezogen und durch Verschnallen des Schweifriemens angepaßt. Dabei vergewissert man sich, daß man keine Schweifhaare eingeklemmt hat. Es gibt Schweifriemen mit angeschnallten Schweifmetzen: Hierbei Vorsicht, daß die Schnallen nicht scheuern und keine Haare fangen! Man kann die linke Schnalle öffnen, den Schweif hochheben, die Schweifmetze darunter durchführen und die Schnalle wieder schließen. Das ist sehr praktisch bei Pferden, die sich dem Anlegen des Schweifriemens widersetzen, indem sie die Schweifrübe steif machen. Man sollte darauf achten, daß das Leder am unteren Teil der Schweifmetze immer geschmeidig bleibt und daß diese selbst weit genug ist für das betreffende Pferd. Eine zu enge oder hartgewordene Schweifmetze scheuert sehr rasch die Schweifrübe wund und kann dazu führen, daß sich das Pferd das Schlagen angewöhnt. Die Schweifmetze ist gewöhnlich mit Leinsamen gefüllt, damit sie weich bleibt, sie muß aber dennoch sehr ausgiebig eingefettet werden.

Nun kann die Sellette angehoben und in die richtige Position gebracht werden, das heißt ein gutes Stück hinter dem Widerrist, da wo auch der Deckengurt gewöhnlich liegt. Es ist ein weitverbreiteter Fehler, die Sellette zu weit nach vorne zu legen. Dabei können die Ellbogenhöcker des Pferdes wundgescheuert werden, und es kann zu Gurtendrücken kommen.

Wie das Kumt, so sollte auch der Kammdeckel beziehungsweise die Sellette dem Pferd sorgfältig angepaßt werden. Ein weit geformter Kammdeckel mit einem breiten Sattelbaum wird bei einem schmal gebauten Pferd Druckstellen am Widerristansatz und in der Rückenwirbelgegend hervorrufen, während umgekehrt ein Kammdeckel, der auf schmale Pferde paßt, bei breiten und flachrückigen Pferden drücken und scheuern wird.

Der Schweifriemen muß fest genug geschnallt sein, damit der Kammdeckel oder die Sellette nicht nach vorne rutschen. Er darf

aber nicht zu fest angezogen werden, weil er sonst dauernd gegen die Schweifrübe drückt.
Als nächstes wird der Bauchgurt festgezogen, in den der Sprungriemen eingeschlauft ist, falls wir diesen benutzen. Der Tragegurt beziehungsweise der kleine Bauchgurt kann noch offen gelassen werden, er ist leichter festzumachen, wenn die Trageösen in Aktion treten. Wenn wir das Pferd jedoch eine Strecke weit zum Anschirren zu führen haben, muß der Gurt so befestigt werden, daß die Schnalle nicht hin und herschlägt und dem Pferd zwischen die Vorderbeine gerät. Sonst kann es unruhig werden und sich womöglich noch daran verletzen.
Jetzt folgt das Einziehen der Leinen. Diese werden durch die Leinenaugen an der Sellette und am Kumt gezogen. Die Enden werden doppelt eingeschlagen und entweder um den äußeren Leinenring geschlungen oder durch denselben hindurchgeschlauft. So liegen sie bereit, um am Gebiß eingeschnallt zu werden.
Nun kommt das Zaumzeug an die Reihe. Dieses muß ebenso sorgfältig verpaßt werden wie die Trense oder Kandare bei einem Reitpferd. Der Stirnriemen muß lang genug sein, damit das Kopfstück und die Rosette niemals bis an die Ohren nach vorn gezogen werden können. Die am Backenstück befestigten Scheuklappen sind, damit sie richtig sitzen, durch den gegabelten Blendriemen an der oberen Schnalle des Stirnbandes verstellbar. Bei richtig gearbeiteten Blendriemen und ordentlich angepaßten Scheuklappen liegen die Augen im oberen Drittel der Scheuklappen. Die Pupille liegt also dort, wo sie am weitesten sind. Man vergißt oft, hierauf zu achten, und fügt den Pferden damit unnötigerweise Schmerzen zu. Scheuklappen, die zu tief liegen, scheuern am Auge und verleiten das Pferd dazu, über den oberen Rand hinwegzusehen. Zu hochliegende drücken auf das Schläfenbein. Der Zweck der Scheuklappen ist es zu verhindern, daß das Pferd durch die Peitsche oder durch den Verkehr dicht neben ihm scheu wird. Dazu kommt noch, daß viele Pferde, sogar gewöhnlich ruhige, auf einmal in Panik geraten, wenn sie auf die sich drehenden Räder schauen können. Die Räder bewegen sich doppelt so schnell wie das Fahrzeug, und das Pferd, das sie aus den Augenwinkeln heraus sieht, bekommt den Eindruck, als ob die Räder es verfolgten oder gar überholen wollten.

Die richtige Lage des Gebisses – nicht zu hoch und nicht zu tief – wird durch Verschnallen an der unteren Backenstückschnalle hergestellt. Man muß darauf achten, daß beim Anziehen das Backenstück nicht abgehoben wird, sonst kann das Pferd nach hinten sehen. Der Kehlriemen darf nicht zu eng geschnallt werden, das Pferd muß bei Wendungen die Kehle frei haben. Der Nasenriemen muß vorne lang genug sein, so daß die Backenstücke gerade heruntergehen; er soll so lose verschnallt sein, daß hinten noch zwei Finger hineinpassen. Wenn ein Pferd pullt und dabei das Maul aufsperrt, kann man den Nasenriemen enger schnallen, um dieser Unart beizukommen. Als letztes folgt das Einschnallen der Leinen am Gebiß.

Fahrgebisse

Für den Einspänner gibt es üblicherweise zwei Arten von Gebissen: einmal die Doppelringtrense (Bild 4), und zum anderen die Liverpool- und die Ellbogenkandare (Bild 5). Auf Turnieren ist zur Kumt-

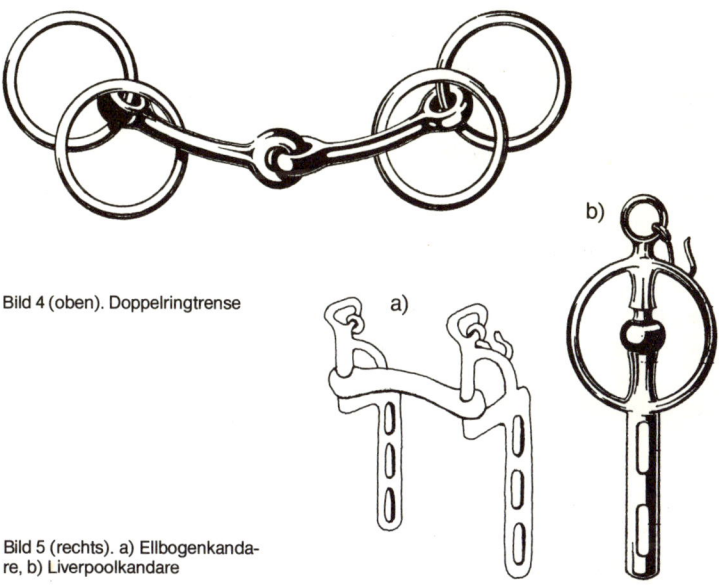

Bild 4 (oben). Doppelringtrense

Bild 5 (rechts). a) Ellbogenkandare, b) Liverpoolkandare

anspannung die Kandare vorzuziehen. Bei der Doppelringtrense schnallt man gewöhnlich das Backenstück in die losen, inneren Ringe und die Leinen beiderseits in beide. Man kann jedoch auch scharf schnallen, indem man nur in die beiden äußeren Ringe schnallt. Dabei muß man sich jedoch darüber klar sein, daß man damit eine schärfere Hebelwirkung auf die Zunge und ziemlichen Druck auf die Laden ausübt. Manche Liverpoolkandaren haben bis zu fünf Möglichkeiten, um die Leinen einzuschnallen. Es kommt ja oft vor, daß das Pferd auf der einen Seite weich und auf der anderen steif, also hart ist, so daß man das Gebiß „einseitig", d. h. verschieden scharf schnallen sollte. Die Anzüge unterscheiden sich folgendermaßen:
1. Schaumring; diese Schnallung entspricht einem einfachen starren Mundstück, wirkt also weich;
2. um den Balken geschnallt, ziemlich weiche Kandarenwirkung;
3. erster Schlitz, leichte Kandarenwirkung (halbscharf);
4. zweiter Schlitz, schärfere Kandarenwirkung;
5. dritter Schlitz, eine äußerst scharfe Kandarenwirkung.

Die meisten Liverpoolkandaren haben nur zwei Schlitze, die dann als mittlerer und unterer Schlitz bezeichnet werden. Je länger die Anzüge sind, desto stärker wird die auf die Kinnkette ausgeübte Hebelwirkung, wenn die Leinen im unteren Schlitz eingeschnallt sind.

Pferde, die empfindlich im Maul sind, gehen oft besser mit einer nicht gebrochenen Gummitrense. Man kann auch Gummi von einem Fahrradschlauch oder Wildleder um das Mundstück wickeln und festnähen. Kinnketten aus Leder oder Gummi haben zuweilen eine bessere Wirkung als die üblichen Metallketten. Die richtige Zäumung ist ganz ohne Zweifel von allergrößter Bedeutung: Wenn das Pferdemaul in Ordnung ist, wird das Pferd viel bereitwilliger ziehen, als wenn es dauernd Druck und Schmerzen im Maul spürt.

Das Anspannen

Wenn wir das angeschirrte Pferd aus dem Stall führen, müssen wir aufpassen, daß es nicht mit den Trageösen oder dem Hintergeschirr am Türrahmen hängenbleibt oder sich die Hüfte anschrammt. Sonst kann es plötzlich scheuen, und die angeschlagene Hüfte kann zur Lahmheit führen. Am besten geht man rückwärts vor dem Pferd durch die Tür und führt es ruhig und langsam am Backenstück oder Nasenriemen heraus.

Zum Anspannen steht das Pferd still, während der Wagen herangefahren wird. Die Gabeln beziehungsweise Scheren werden dabei hochgehoben, bis sie sich oberhalb des Hüftknochens befinden. Ein junges oder nicht sicheres Pferd stellen wir am besten, wenn wir keine Gehilfen haben, mit dem Kopf gegen eine Wand, damit es nicht ausbrechen kann. Das Pferd rückwärtsgerichtet an den Wagen herantreten zu lassen ist eine schlechte Gewohnheit. Wenn der Wagen herangebracht ist, werden die Scheren in die Trageösen eingehängt, und zwar so weit, bis sie, die Trageösen, an den Trageösenhaltern Widerstand finden. Nun können die Stränge aufgenommen und an der Deichsel befestigt werden. Dies sollte immer als erstes geschehen, damit das Pferd, falls es vorwärts geht, den Wagen mitnimmt und es nicht zu einer gefährlichen Situation kommt. Befestigt man zuerst das Hintergeschirr und dann erst die Stränge, so kann das Pferd leicht nach vorn vom Wagen wegtreten, die Scheren gleiten dann aus den Trageösen, und das Ganze kann ziemlich böse ausgehen. Hat man etwas Schwierigkeiten, mit den Strängen an die Deichselhaken zu kommen, hilft man sich, indem man an den Tritt faßt und den Wagen ein wenig nach vorn zieht. Das ist weitaus besser, als an den Strängen zu zerren und das Pferd rückwärtszuschieben. Man sollte auch darauf achten, daß die Stränge nicht verdreht sind. Federhaken oder Ortscheite sind praktischer als feststehende Docken (vgl. S. 42). Sie gehen nämlich mit der Bewegung mit und belasten die Schultern weniger. Daher leiden die Pferde auch nicht so oft unter durchgescheuerten Schulterpartien.

Als nächstes wird das Hintergeschirr an der Gabeldeichsel befestigt. Der am Umgang befindliche Scherenriemen wird um die Scheren und die Stränge geführt, bevor er in der vorderen Öse, einem D-Ring, auf der Schere befestigt wird. Der Umgang darf nur so lang sein, daß sich das Pferd bereits mit der Hinterhand hineinlegt, wenn der Wagen nur einen halben Meter nach vorne gezogen wird. Der Tragriemen liegt dann ein wenig vor der Senkrechten, und die Stränge hängen etwas durch, während das Hintergeschirr in Aktion tritt. Ist der Umgang zu lose, nimmt das Pferd das gesamte Gewicht des Wagens am Tragriemen auf. Dabei stoßen dann die Trageösenhalter gegen die Trageösen, und der Tragriemen schiebt sich nach vorne. Dadurch wird ein äußerst starker Druck auf das Rückenkissen der Sellette und den Schweifriemen ausgeübt. Die Sellette kann dann nach vorne gegen den Widerrist und die Ellbogen geschoben werden, was möglicherweise dazu führt, daß das Pferd eine Widerristfistel oder wundgescheuerte Ellbogenhöcker bekommt.

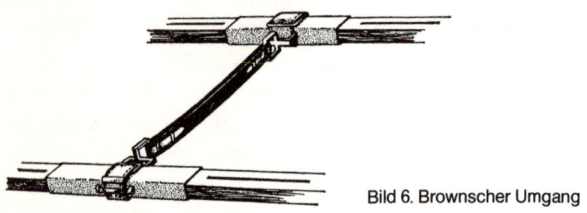

Bild 6. Brownscher Umgang

Wenn wir ein sogenanntes falsches Hintergeschirr benutzen (auch Brownsches Patent genannt, siehe Bild 6), dann müssen wir dieses in der hintersten Öse an den Scheren befestigen. Diese befindet sich etwa 35 cm vom Spritzbrett entfernt. Das machen wir am besten, bevor wir das Pferd aus dem Stall holen. Das Brownsche Patent-Hintergeschirr besteht aus einem breiten, gepolsterten Riemen, der von einem Gabelarm zum anderen geht und mit zwei achterförmigen Metallbeschlägen und zwei Riemchen mit Schnallen gehalten wird. Diese Befestigungen gehen durch die Hintergeschirröse sowie um die Stränge und die Gabeldeichsel herum und halten das Hintergeschirr damit in der richtigen Lage. Der kleine Bauchgurt läuft über die Stränge und wird zuletzt angelegt. Er wird nicht so fest zugeschnallt wie der große Bauchgurt; es sollte soviel Spiel bleiben, daß die Gabelarme eines zweirädrigen Wagens bequem auf- und abschwingen können. Bei einem vierrädrigen Fahrzeug benötigt man die französische Tilbury-Trageöse (Bild 7). Von der üblichen Befestigung (Bild 8) unterscheidet sich diese dadurch, daß die Gabelarme fest am Tragegurt beziehungsweise am Sellettekissen anliegen. Sie besteht aus einer breiten Schnalle, die an einem Rückengurt befestigt ist, und aus einer mit Leder überzogenen Halböse,

Bild 7. Tilbury-Trageöse für vierrädrige Wagen

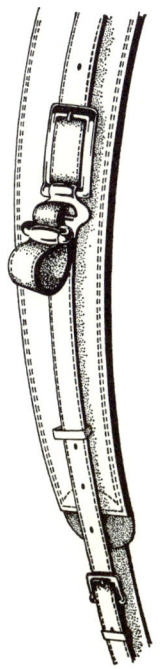

auf der die Gabeldeichsel liegt. Ein Lederriemen ist auf die Außenseite der Öse genäht, der über die Gabeldeichsel durch eine Schlaufe auf der großen Schnalle und durch eine Halterung an der Unterseite des Sellettekissens führt. Eine kurze Gurtstrippe wird dann mit diesem Lederriemen zusammengeschnallt. Zieht man sie fest, so hält sie die Gabelarme in ruhiger Lage. Diese Gurtstrippe sollte man fester schnallen als den kleinen, aber nicht so fest wie den großen Bauchgurt.

Das Aufsitzen

Bevor der Fahrer aufsitzt, geht er um Pferd und Wagen herum und prüft, ob alles in Ordnung ist. Beifahrer steigen immer erst auf, wenn der Fahrer richtig sitzt und die Pferde vom Bock aus sicher unter Kontrolle hat. Nun stellt sich der Fahrer in Grundstellung einen Schritt seitwärts links vom Pferd in Höhe des Trageriemens auf. (In England steigt man des Linksverkehrs wegen von rechts auf.) Er nimmt mit der rechten Hand die Leinen vom Leinenauge an der Sellette und legt sie auf den linken Unterarm. Die rechte Hand ergreift die rechte Leine zwischen Zeige- und Mittelfinger hinter der Schnalle, stellt eine leichte Verbindung mit dem Pferdemaul her und gleitet an den Leinen hinunter, bis der rechte Arm zwanglos herabhängt. Damit haben wir die richtige Länge der Leinen, und diese Stelle halten wir fest. Darauf legt die linke Hand die linke Leine zwischen Daumen und Zeigefinger der rechten Hand und verlängert sie noch um 5 cm. Die linke

Bild 8. Ledertrageöse für zweirädrige Wagen

muß deshalb etwas länger sein, weil der Fahrer auf dem Bock rechts sitzt und die linke Leine daher eine etwas größere Entfernung zwischen Pferdemaul und Fahrerhand zu überbrücken hat. Dadurch kann der Fahrer auch, falls das Pferd beim Aufsitzen einen Schritt nach vorne macht, es geradeaus parieren. Schließlich übergibt die rechte Hand die Leinen an die linke Hand, so daß sie durch Zeige- und Mittelfinger getrennt werden; die linke Leine liegt oben, das Leinenende ist über den linken Unterarm geschlagen. Die Leinen werden – je nach der Entfernung des Bocks von den Pferden – um etwa 20 cm verlängert, und nun sitzt der Fahrer auf. Das Aufsitzen sollte rasch, aber ruhig erfolgen, der Fahrer hat sofort Platz zu nehmen.

Die Grundhaltung oder Fahren mit einer Hand

Die beiden Leinen liegen nun in der linken Hand, die linke Leine liegt über dem Zeigefinger, die rechte zwischen Mittel- und Ringfinger (Bild 9). Die drei unteren Finger sind fest um die Leinen geschlossen, Daumen und Zeigefinger bleiben leicht gekrümmt offen.

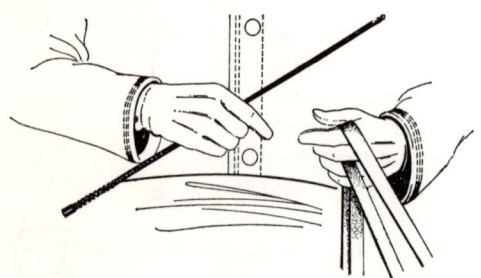

Bild 9. Grundhaltung

Gehalten werden die Leinen mit Mittel-, Ring- und kleinem Finger. Der Daumen, der stets nach rechts, niemals nach oben zeigen sollte, übt keinen Druck auf die Leinen aus. Es gibt eine Ausnahme: wenn eine Schleife gelegt ist (siehe Bild 30, Seite 62). Die Leinen werden niemals getrennt, sondern stets zusammen in der linken Hand gehalten.

Bild 10. Gebrauchshaltung

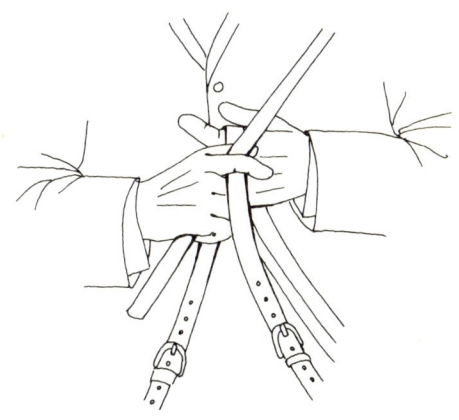

Die Gebrauchshaltung

Auf längeren Strecken fährt man, um die linke Hand zu entlasten, in der Gebrauchshaltung.
Hierbei bleibt die Linke in Grundhaltung, die Rechte legt sich vor die Linke und faßt mit dem Zeigefinger die linke Leine von oben. Die unteren drei Finger nehmen die rechte Leine von unten. Die Peitsche wird dabei hauptsächlich von Daumen und Zeigefinger der rechten Hand gehalten (Bild 10).

Die Dressurhaltung

Die Dressur- oder Arbeitshaltung wird hauptsächlich zum Arbeiten der Pferde wie auch zum Einfahren junger Pferde gebraucht (Bild 11). Man zieht von der Gebrauchshaltung ausgehend mit der rechten Hand etwa 10 bis 15 cm der rechten Leine aus der linken Hand, das sogenannte Zwischenstück, und stellt die Hand damit halbrechts vor die linke.

Bild 11. Dressurhaltung

Damit hat der Fahrer die Möglichkeit, stärker und genauer auf jedes einzelne Pferd einzuwirken, zum Beispiel in Wendungen. Die rechte Hand darf nicht verdeckt, d. h. waagrecht gehalten werden.

Sitz und Haltung des Fahrers

Wir wollen hier beim Einspännigfahren hauptsächlich die Gebrauchshaltung einnehmen. Für sie, wie für die anderen Haltungen auch, gilt, daß das Handgelenk stets leicht gerundet, locker und weich bleibt. Die Faust steht senkrecht, etwa eine Handbreit vor der Leibesmitte, die Unterarme bilden einen Winkel von etwas mehr als 90° zum Körper, werden also nicht ganz waagrecht gehalten. Wenn Handgelenk, Arme und Schulterpartie des Fahrers steif und verkrampft sind, wird dies mit ziemlicher Sicherheit dazu führen, daß das Pferd zu pullen beginnt. Bei einer weich nachgebenden, gefühlvollen Hand wird dagegen auch ein hartnäckiger Puller oft sanft wie ein Lämmchen gehen. Die Leinen müssen rechts wie links gleichmäßig anstehen. Man überzeugt sich davon, indem man nachsieht, ob sich die Ansatzstellen genau gegenüber befinden. (Eine Einspännerleine wird aus vier Streifen Leder geschnitten, die dann zusammengenäht werden, um die erforderliche Länge zu ergeben.) Wenn man eine Leine immer ein wenig fester hält als die andere, führt dies dazu, daß das Pferd im Maul herumgezogen und damit einseitig wird oder daß es dauernd den Kopf schief hält.

Die Ellbogen werden dicht am Körper gehalten (jedoch ohne sie anzuklemmen); sie befinden sich etwas über den Hüften. Der Fahrer hat natürlich, ungezwungen und gerade zu sitzen. Der Bock muß hoch genug sein, um ihm eine gute Sicht nach vorn durch die Pferdeohren hindurch zu gewährleisten. Die Beine sind in den Knien leicht angewinkelt nach vorn gestellt, Knie und Hacken werden zusammengenommen und leicht nach rechts gekehrt. Die Füße haben fest auf dem Boden oder auf dem Bockbrett zu stehen. Ohne ein Bockbrett beziehungsweise eine passende Fußstütze zu fahren ist eine gefährliche Sache. Wenn das Pferd zu pullen beginnt, plötzlich scheut oder ausgleitet, wird der Fahrer von seinem Schleudersitz gerissen und hat keine Möglichkeit, auf das Pferd einzuwirken. Es gibt Wagen mit beweglichen Fußstützen, und diese sollte man vor Antritt der Fahrt unbedingt arretieren. Ein zu niedriger Sitz ist auf jeden Fall unglücklich: Nichts sieht unmöglicher aus als ein Fahrer, der die Knie fast bis zur Nasenspitze hochgezogen und die Füße weit auseinandergespreizt hat. Außerdem kann man sich aus einer solchen Position heraus kaum helfen, wenn man einmal in Schwierigkeiten gerät.

Man stelle sich vor, man sitzt als Beifahrer neben einem Fahrer, der auf einem niedrigen Sitz kauernd kutschiert, in jeder Hand eine Leine, „weggeschmissen" bis zur Handschlaufe, die Arme weit nach vorn gestreckt, die Peitsche ruht sanft im Peitschenhalter – wer das einmal genossen hat, wird das prickelnde Gefühl kennen, das einen da überkommt, das Gefühl einer drohenden Katastrophe: Pferd wie Beifahrer machen sich auf das Schlimmste gefaßt.

Der Gebrauch der Peitsche

Im Englischen wird der Fahrer eines Pferdefahrzeugs *Whip*, Peitsche, genannt. Ganz offensichtlich ist die Geschicklichkeit des Gespannlenkers im Umgang mit der Peitsche von besonderer Wichtigkeit. Er übermittelt seinen Willen ja nicht nur allen Pferden gleichzeitig: Beim Vierspänner muß er in der Lage sein, einem bestimmten Pferd, zum Beispiel dem vorderen Handpferd, einen Wink zu geben, ohne daß dabei die drei anderen Pferde erschrecken oder der Beifahrer um seinen Hut fürchten muß. Am Anfang wird der Fahrerneuling es für äußerst schwierig ansehen, Peitsche und Leinen richtig zu halten, aber er kann ganz beruhigt sein: Schon bald wird es ihm zur zweiten Natur werden. Bei den ersten Fahrstunden wird es oft eine Hilfe sein, wenn man statt der Fahrpeitsche eine Dressurgerte nimmt. Dadurch kann man sich an das Gefühl gewöhnen, eine Peitsche in der Hand zu halten, ohne daß man Angst haben muß, daß der Schlag irgendwo hängen bleibt. Wenn man das allererste Mal auf den Bock steigt, kann man sogar einmal ganz ohne Peitsche oder Gerte fahren, besonders wenn man vorher keine Gelegenheit hatte, an einem Fahrlehrapparat zu üben.

Sobald der Fahrer sich gesetzt hat und die Leinen in der linken Hand in Grundhaltung hält, nimmt er die Peitsche in die Rechte. Sie wird so angefaßt, daß sie sich im Gleichgewicht befindet, das

heißt am Handstück, so daß das Peitschenende 10 bis 15 cm aus der Hand herausragt. Man hält sie so, daß sie leicht und locker unter dem Daumenmuskel liegt. Der Stock der Peitsche wird in einem Winkel von etwa 45° vom Körper entfernt gehalten, die Schnur hängt herab. Die rechte Hand steht auf gleicher Höhe mit der linken bei leicht angewinkeltem Arm. Fährt man in Gebrauchs- oder Dressurhaltung, werden vor einer Peitschenhilfe stets die Leinen in die Linke genommen, da man sonst die Pferde erheblich stört. Es wird stets mit Peitsche gefahren, und dafür gibt es keine Ausnahmen (außer den zuvor genannten bei Anfängern). Die Peitsche ist für den Fahrer das, was der Schenkel für den Reiter ist. Man unterscheidet folgende drei Peitschenhilfen:
1. die vortreibende,
2. die versammelnde,
3. die strafende Peitschenhilfe.

Die zweite, die in ihrer Wichtigkeit häufig unterschätzt wird, dient dazu, das Pferd ans Gebiß zu stellen und, falls nötig, seine Haltung und Stellung zu korrigieren. Dadurch wird zum Beispiel erreicht, daß es sich wieder vermehrt selbst trägt. Die versammelnde wie die vortreibende Peitschenhilfe wird dicht hinter dem Kammdeckel beziehungsweise der Sellette gegeben. Eine Peitschenhilfe sollte niemals auf die Hinterhand gegeben werden, da dies zum Ausschlagen führen kann. Das gilt auch für die strafende Peitschenhilfe, bei der ein kurzer, fester Schlag auf die Schulter geführt wird. Bei jeder Peitschenhilfe ist darauf zu achten, daß die Leinen in der linken Hand nicht „weggeschmissen" werden. Die Linke hat vielmehr gegenhaltend eine halbe Parade zu geben, damit sich die Pferde am Gebiß abstoßen.

Die Peitsche diente lange Zeit auch dazu, im Straßenverkehr Signale zu geben. So streckte der Fahrer gewöhnlich die Peitsche waagrecht nach rechts aus, wenn er nach rechts abbiegen wollte, er hielt sie beim Wenden nach links waagrecht über den Kopf, wobei die Peitschenspitze nach links zeigte. Das senkrechte Hochhalten bedeutet Halt. In letzter Zeit ist man jedoch dazu übergegangen, die Signale nur mit der Hand zu geben, und zwar durch Herausstrecken und gleichzeitiges Heben und Senken des rechten beziehungsweise linken Armes. Peitsche und Leinen befinden sich dabei jeweils in der anderen Hand. Turniermäßig wird jedoch weiterhin die Peitsche zum Anzeigen von Richtungsänderungen benutzt.

Auf Turnieren werden zum Grüßen der Richter Leinen und Peitsche in die Linke genommen, mit der Rechten zieht der Fahrer den Hut. Eine Fahrerin neigt den Kopf und hält die Peitsche waagrecht.

Wie das Geschirr, so bedarf auch die Peitsche der Pflege. Es ist besonders wichtig, daß sie richtig aufgehängt wird, und zwar gehört die Bogenpeitsche, die wir zum Kumtgeschirr verwenden, auf ein Peitschenbrett. Dort wird sie auf einer Rolle in Schwanenhalsform (nicht in Form eines umgekehrten

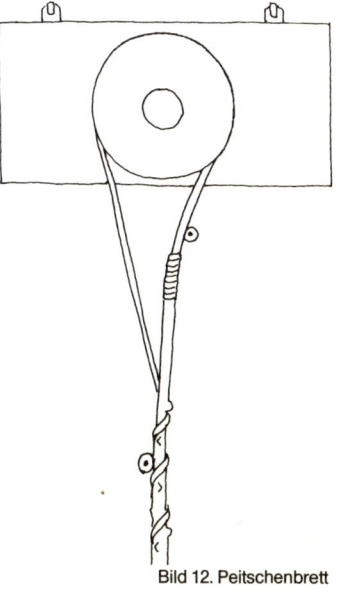

Bild 12. Peitschenbrett

U) aufgehängt (Bild 12). Die Schwanenhalsform garantiert, daß die Schnur beim Gebrauch gut schwingt. Wenn wir die Peitsche einfach in eine Ecke stellen, wird sich sehr bald der Schaft verziehen, der am besten aus Dornstock gefertigt wird.

Das Anfahren

Wenn sich der Fahrer hingesetzt und Peitsche und Leinen aufgenommen hat, legt er sich die Bockdecke zurecht. Im Sommer genügt das „Apron", ein leichter Überwurf über die Knie zum Schutz der Kleidung gegen die links herabhängenden Leinen; auf Turnieren ist die Bockdecke vorgeschrieben. Jetzt können die Beifahrer zusteigen. Sobald sie ihren Sitz sicher eingerichtet und ihre Decken zurechtgelegt haben, gibt der Fahrer seinem Pferd das Zeichen, daß jetzt das Kommando zum Anfahren kommt. Vorher müssen wir jedoch spüren, daß das Pferd weich am Gebiß steht. Dann fahren wir an, indem wir beide Leinen kurz annehmen – „Druckpunkt nehmen",

d. h. Fühlungnahme mit dem Pferdemaul – und sofort wieder nachgeben. Reagiert das Pferd auf diese erste Hilfe nicht, wiederholen wir unser Kommando und geben ihm eine leichte Peitschenhilfe hinter der Sellette. Auf keinen Fall dürfen wir in Wildwestmanier mit den Leinen auf Rücken und Hinterteil klopfen. Anfänger im Fahrsport, die mehr ans Reiten gewöhnt sind, haben oft die schlechte Angewohnheit, ganz außen am Rand des Bocks zu sitzen und mit Armen und Beinen zu rudern, als ob sie damit ein faules Pferd antreiben könnten. Oberkörper und Beine müssen aber absolut ruhig gehalten werden. Die Hand hält eine möglichst leichte Fühlung, ohne daß dabei die Verbindung zum Pferdemaul verlorengeht. Dies gilt besonders für den Übergang vom Halten zum Anfahren, wo die Hand weich nachgeben, aber jederzeit in Fühlung mit dem Pferdemaul bleiben muß.

Wenn ein Pferd mit einem empfindlichen Maul von einem Fahrer mit einer harten, gefühllosen Hand gefahren wird, ergibt sich beim Anfahren zwangsläufig folgendes: Beim ersten Kommando wirft das Pferd den Kopf hoch und bleibt stehen. Auf eine erneute Aufforderung hin wird es erst zögern und dann mit dem Mut der Verzweiflung ruckartig vor- und zurückspringen. Und damit haben wir eine Untugend – das „Geigen" –, die ein Pferd ebenso leicht annimmt wie man sie ihm schwer wieder abgewöhnen kann. Beim Anfahren soll das Pferd Kopf und Hals tiefer nehmen und sich in sein Geschirr legen. Dabei soll es in raumgreifendem, fleißigem Schritt vorwärtsgehen, ohne zu zackeln.

Ist ein Pferd erst einmal soweit, daß es aus Angst vor einer harten Hand nicht wagt anzuziehen, wird es todsicher mit der Zeit indolent und widerspenstig. Außerdem sollte man sich darüber klar sein, daß man mit einer harten Hand im Pferdemaul Gefühlsnerven, Zahnfleisch und Knochenhaut zerdrückt. Die Pferde bekommen Ladendruck, dies ist eine schmerzhafte Sache, und sie werden dementsprechend reagieren. Man wird nur Freude am Fahren haben, wenn man dauernd bestrebt ist, seine Hand zu verbessern, so daß sie aufmerksam und fühlend wird und bleibt. Immer wieder weich annehmen und nachgeben! Dazu gehört auch, daß Ellbogen- und Schultergelenk beweglich gehalten und die Beinmuskeln losgelassen werden.

Der Wagen im Gleichgewicht

Die ersten 500 m fahren wir grundsätzlich im Schritt, damit das Pferd Zeit bekommt, um richtig Tritt zu fassen. Dabei kann sich der Fahrer noch einmal vergewissern, ob die Anspannung überall korrekt ist und ob das Fahrzeug – dies gilt speziell für einen zweirädrigen Wagen – richtig ausbalanciert ist. Wenn das Pferd zieht, sollte der Trageriemen auf der Sellette senkrecht heruntergehen. Falls die Stränge straff gespannt sind und sich der Trageriemen dabei hinter der Senkrechten befindet und nicht auf der Sellette aufliegt oder wenn die Trageösen zu weit vor den Tragösenhaltern liegen anstatt direkt daran, dann sind die Stränge zu lang und sollten um ein bis zwei Loch verkürzt werden. Beim Fahren auf ebener Strecke sollte zwischen Umgang und Hinterhand noch eine Faust hineinpassen.

Ein Einspännerwagen muß so gut ausbalanciert sein, daß die Scheren in den Tragösen spielen und nicht an Trageriemen oder Bauchgurt scheuern. Eine schlecht ausbalancierte Governesscar oder eine zweirädrige Dogcart mit schwergewichtigen Passagieren auf dem Rücksitz kann umkippen, da sich der Wagen nicht im Gleichgewicht befindet. Bei der Governesscar kann man dem vorbeugen, indem man die Passagiere auf der Bank rundherumsetzt, bis das Gewicht richtig verteilt ist. Manche Dogcarts haben eine Vorrichtung, mit deren Hilfe man den Wagenkasten in die richtige Schwerpunktlage bringen kann, doch gibt es dies bis jetzt leider nur bei wenigen. Die meisten zweirädrigen Wagen haben aber wenigstens verstellbare Sitze, die in Schienen auf beiden Seiten des Wagens angebracht sind und mit einem Griff oder mit Riegeln unter dem Sitz arretiert werden können. Ein Wagen ohne verstellbare Sitze ist schwierig auszubalancieren; man hilft sich, indem man ein Gewicht auf den Boden legt und es jeweils so hin- und herschiebt, bis das Gleichgewicht im Fahrzeug hergestellt ist.

Die Gabelenden sollten sich etwa auf gleicher Höhe mit den Zugkrampen am Kumt befinden. Sind die Scheren zu kurz, kann das Scherenende bei einer Wendung zwischen Schulter und Kumt anstoßen. Gehen sie aber zu weit nach vorn, können sich die Leinen in den Enden verfangen, und das Pferd stößt sich mit der Nase, wenn es den Kopf wendet. Zwischen der Hinterhand des Pferdes und dem

Spritzbrett sollte genug Platz sein, damit keine Gefahr besteht, daß der Wagen dem Pferd „auf die Hacken rutscht" oder daß der Schweif gescheuert wird. Selbstverständlich sollten die Scheren weit genug auseinanderstehen, daß das Pferd genügend Platz dazwischen hat. Mit zu engen Scheren hat man dem Pferd bald das Fell abgescheuert.

Wenn der Fahrer sieht, daß das Pferd willig und ruhig geht, kann er es antraben lassen. Das Trabtempo sollte möglichst konstant bei etwa 15 km pro Stunde gehalten werden. Dies entspricht zugleich der Anforderung bei Gespannprüfungen der Klasse L. Freilich sollten wir dabei auch den Raumgriff unseres Pferdes berücksichtigen, der wieder von seiner Größe abhängt. Ein gleichmäßiges Tempo ist sehr wichtig, nichts macht ein Pferd schneller müde als ein dauernder Wechsel im Tempo. Haben wir erst einmal die Pace gefunden, die unserem Pferd am meisten liegt, dann sollten wir ihm keine andere aufzuzwingen suchen.

Vor einer Wendung müssen wir durch eine Parade das Tempo verkürzen und das Pferd ausbalancieren. Ein Pferd kommt rascher, als man denkt, von den Füßen, wenn man es zu schnell oder zu plötzlich wenden läßt.

Die Wendungen

Linkswendungen werden aus der Dressur- oder Arbeits-, Rechtswendungen aus der Gebrauchshaltung heraus gefahren. Jede Wendung wird durch ein Nachgeben der äußeren Leine eingeleitet, keinesfalls durch Ziehen an der inneren. Vor Beginn der Wendung sollte der Fahrer spüren, daß er Verbindung zum Pferdemaul hat. Das Tempo sollte entsprechend reguliert sein.

Bei einer Linkswendung gibt der Fahrer mit der rechten Hand nach. Er dreht die linke Hand mit dem Handrücken nach oben, so daß die linke Leine über den linken Handrücken läuft. Der Daumen zeigt nach unten. Dadurch wird die linke Leine vermehrt angenommen und die rechte entlastet. So kann das Pferd weich und gehorsam in die Wendung gehen.

Zur Rechtswendung greift die rechte Hand auf der rechten Leine etwa 10 bis 15 cm vor (verkürzt also), beide Hände sind mit dem

Handrücken nach unten gedreht. Dadurch wirkt die äußere, linke Hand nachgebend, die innere, rechte dreht sich so um den Peitschenstiel, daß der kleine Finger zum Körper hin zeigt. Sie wirkt dadurch annehmend. Nach der Wendung gleitet die Rechte wieder um die 10 bis 15 cm zurück, beide Hände werden wieder senkrecht in die Gebrauchshaltung gestellt.

Anfänger neigen gewöhnlich dazu, mit den Händen nach rechts oder links in Richtung der Wendung Dirigierbewegungen auszuführen. Das ist ein böser Fehler, den man sich schleunigst abgewöhnen sollte. Die Hände bleiben in ihrer Stellung vor der Leibesmitte.

Das Verlängern und Verkürzen der Leinen

Dieses erfolgt stets aus der Gebrauchshaltung heraus durch die rechte Hand. Beim Verlängern beider Leinen zieht die rechte Hand beide Leinen so weit wie nötig gleichmäßig nach vorn aus der linken Hand heraus. Beim Verkürzen beider Leinen gehen wir folgendermaßen vor: Wollen wir um ein kleines Stück verkürzen, greifen wir mit der Linken vor der Rechten in die Leinen. Dann geht die Rechte wieder vor die Linke. Müssen wir die Bremse bedienen, so greifen wir mit der Rechten hinter die Linke und fassen die Leinen zwischen Zeige- und Mittelfinger. Die Linke gleitet um das gewünschte Stück nach vorn, die Peitsche wird an die Linke übergeben, die Rechte ist frei zum Bremsen.

Beim Verlängern oder Verkürzen einzelner Leinen (Filieren) wird die rechte oder linke Leine durch Drehung der rechten Hand um das gewünschte Stück aus der Linken herausgezogen oder in sie hineingeschoben. Dies geschieht ebenfalls stets aus der Gebrauchshaltung heraus.

Das Abspannen

Beim Abspannen ist die Reihenfolge umgekehrt wie beim Anspannen. Zuerst steigen die Beifahrer, dann der Fahrer ab. Dieser zieht die Leinen durch das Leinenauge an der Sellette, der kleine Bauchgurt wird gelöst, der Gabelriemen aufgeschnallt, und zuletzt erfolgt das Absträngen. Jetzt müssen wir schauen, ob die Leinenenden nicht über die Tragösenhalter herabhängen, und erst dann können wir den Wagen zurückschieben. Wenn die Leinen an den Trageösenhaltern hängenbleiben, kann das Pferd einen bösen Ruck ins Maul bekommen. Es empfiehlt sich, stets den Wagen zurückzuschieben; das ist besser, als das Pferd aus den Gabeln herauszuführen. Durch die letztere Methode kann das Pferd nämlich dazu verführt werden herauszudrängen, und dabei kann die Gabel brechen und sich aus den Trageösen lösen. Und dann wird uns zu alledem auch noch das Pferd scheu werden.

Schlittenfahren

In unseren Breiten sind die Gelegenheiten zum Schlittenfahren leider nicht häufig. Ideale Bedingungen herrschen nur dann, wenn nach starkem Schneefall strenger Frost eintritt. Wege und Seitenstraßen, auf denen der Schnee durch den Verkehr festgefahren ist, eignen sich am besten. Freilich sollte kein Salz gestreut sein.
Um einen leichten Schlitten zu ziehen, bedarf es im allgemeinen keines speziellen Hufbeschlags oder besonderer Stollen. Ein vernünftiges Pferd lernt bald, mit etwas geringerem Tempo und Raumgriff zu gehen und dadurch die Gefahr des Ausgleitens zu vermeiden. Als Vorsichtsmaßnahme empfiehlt es sich, Streichgamaschen oder Sehnenschoner, eventuell auch Kniegamaschen, zu verwenden. Das Geschirr ist beim Schlitten das gleiche wie beim Einspännerfahren, nur sollten die Leinen etwas länger sein. Viele Schlitten haben einen niedrigen Sitz, und die Leinen werden daher vom Leinenauge der Sellette noch über einen hohen Aufsatz, eine Leinenauflage, geführt (siehe Foto 7), bevor sie in die Hand des Fahrers gehen. Diese Vorrichtung soll verhindern, daß sie zwischen die Schweifhaare des Pferdes geraten. Man verwendet auch Tandemleinen; diese sind zwar ziemlich lang, aber das ist immer noch besser als die oft gefährlich kurzen Einspännerleinen.
Beim Anfahren empfiehlt es sich, den Schlitten anzuschieben, bevor er durch Beifahrer zu schwer wird. Noch besser ist es, wenn sogar der Fahrer – ich getraue mich zwar nicht so recht, das zu sagen – erst aufsteigt, wenn der Schlitten in Bewegung ist. Wenn dieser erst einmal läuft, hat das Pferd keine Mühe, ihn zu ziehen.

Zweispänner

Zwei Pferde oder Ponys zu suchen – und zu finden –, die im Aussehen gut zusammenpassen und sich auch gut zusammen anspannen lassen, das kann ziemlich viel Zeit und Nerven kosten. Wenn man aber zu einem im Einspänner erprobten Pferd ein anderes, genau passendes sucht, ist dies oft mit noch größeren Schwierigkeiten verbunden, als wenn man mit zwei neuen Pferden von vorn beginnt.
Beim idealen Zweispänner sollte man den Eindruck haben, man sieht das gleiche Pferd in doppelter Ausführung, und dies betrifft das Aussehen wie das Gangwerk. Beide Pferde sollten in der Farbe zusammenpassen und möglichst sogar die gleichen Abzeichen haben. Natürlich müssen sie dem gleichen Zuchtgebiet entstammen beziehungsweise den gleichen Typ verkörpern. Wenn das eine Pferd ein großrahmiger Holsteiner und das andere ein zierlicher Anglo-Araber ist, dann nutzt es gar nichts, wenn sie beide strahlend weiß sind, sie bilden eben niemals ein Paar. Zwei im Typ und in der Aktion so verschiedene Pferde werden niemals im gleichen Takt und Raumgriff traben können.
Bei einem idealen Gespann haben die Pferde, von vorn gesehen, die gleiche Brustbreite und ähnlich geformte Köpfe, während sie vom Bock aus hinten gleich hoch und breit wirken sollen. Von der Seite müssen beide Pferde wiederum in ihren Proportionen übereinstimmen, was die Länge des Rumpfes und die Widerristhöhe angeht.
Um die Jahrhundertwende gehörte ein Pferdegespann zu jedem größeren Haushalt, und es bestand eine rege Nachfrage nach „Passern". Die Pferdehändler hatten ihre Tricks, um zwei verschieden große Pferde als Gespann loszuwerden. So spannten sie mit Vorliebe das kleinere Pferd links an, damit es durch die Wölbung der Straßendecke etwas höher stand als das rechte.
Für das Zweispännigfahren eignen sich die meisten vierrädrigen und auch einige zweirädrige Wagen. In beiden Fällen werden die Pferde rechts und links an einer Mitteldeichsel angespannt. Als An-

spannung ist sowohl Kumt (englisch) wie auch Brustblatt (ungarisch) gebräuchlich. Am meisten werden folgende Wagentypen verwendet: Spider Phaeton, Wagonette, leichter Jagdwagen, leichter Break, vierrädrige Dogcart.

Zweispännerkumtgeschirr

Das Geschirr wie das Anspannen eines Zweispänners ist ganz ähnlich wie beim Einspänner. Das Geschirr sollte natürlich bei beiden Pferden das gleiche sein, abgesehen vom Kumt, das in der Größe dem einzelnen Pferd angepaßt sein muß. Wie beim Einspänner beginnt das Aufschirren mit dem Kumt; die Kumtbügel werden befestigt. Im Unterschied zum Einspännerkumt enden sie nicht in einer Schlußkette, sondern sind verbunden durch den Langring (siehe Bild 13). Auf der Unterseite dieses Langrings befindet sich ein loser Ring, der Aufhaltering, an dem die ledernen Aufhalter beziehungsweise die Aufhalteketten befestigt werden (siehe Nr. 17 und 9 bei Bild 14). Um die Jahrhundertwende war es üblich, Aufhalteketten zu benutzen, wenn ein Wagen wie zum Beispiel ein Mail Phaeton als „Selbstfahrer" gefahren wurde. Aufhalter nahm man, wenn ein Landauer oder eine Victoria vom Kutscher gelenkt wurde. Im heutigen Fahrsport wird die Verwendung von Ketten oder Riemen nicht mehr vom „Stand" des Fahrers, sondern nur vom Typ des Wagens bestimmt, wobei zu dunkel lackierten Parkwagen Ketten benützt werden können, zu naturholzfarbenen Landwagen aber nur Riemen passen. Die Kumtbügel sind jeweils oben gesichert durch den üblichen Kumtgürtel. Dieser ist bei beiden Pferden mit einer Schnalle versehen und so eingezogen, daß er beim linken Pferd von links und beim rechten von rechts geschnallt werden kann; die Strupfen zeigen nach innen. Bei Zwischenfällen, die das

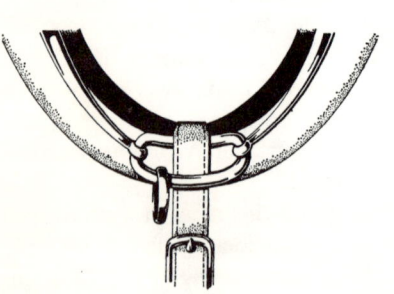

Bild 13. Zweispännerkumt
mit Langring und Aufhaltering

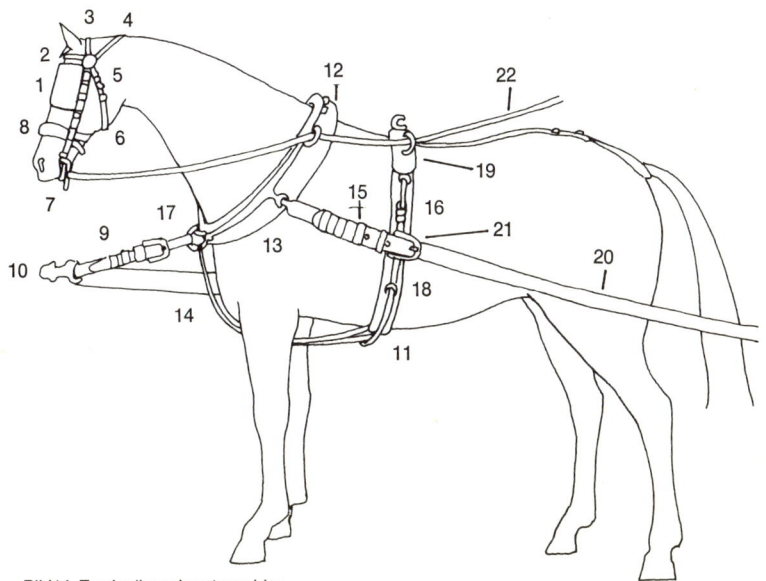

Bild 14. Zweispännerkumtgeschirr

1 Scheuklappen	9 Aufhalter	17 Aufhaltering am Langring
2 Blendriemen	10 Deichselbrille	18 Bauchgurtstrupfe
3 Blendriemenschnalle	11 Kleiner Bauchgurt	19 Kammdeckel mit Aufsatz-
4 Rosette	12 Kumtgürtel	zügelhaken und Leinenauge
5 Kehlriemen	13 Zugkrampe	20 Strang
6 Backenstück	14 Sprungriemen	21 Strangschnalle
7 Kandare	15 Strangstutze	22 Leine
8 Nasenriemen	16 Oberblattstößel	

Lösen eines Stranges erforderlich machen, geht es viel schneller und ist praktischer, wenn man den Kumtgürtel löst, als wenn man sich mit einer Strangschnalle plagt oder versucht, den Strang vom Fahrzeug abzumachen.

Kumtgürtel und Langring sollten niemals alt und abgenutzt sein, denn sie sind einer enormen Belastung ausgesetzt, wenn der Wagen schiebt und die Pferde ihn an der Deichsel aufhalten müssen. Die Deichsel übt Druck auf die Aufhalteketten aus, und diese belasten wieder den Langring und die Kumtbügel. Dadurch hat der Kumtgürtel einen starken Zug nach unten auszuhalten. Der Sprungriemen wird ganz um das Kumt herum und durch den Langring ge-

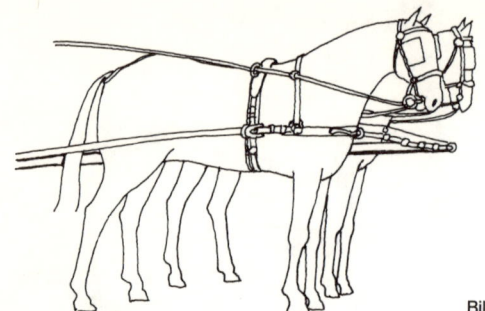

Bild 15. Zweispännersielengeschirr

schnallt, wie Bild 13 es zeigt. Diese Art der Schnallung hält die Kumtbügel am Kumt, wenn sie durch die nach vorne kommende Deichsel belastet werden, besonders beim Halten und Bergabfahren. Außerdem begegnet man so der Gefahr, daß die Kumtbügel aus dem Kumt herausrutschen.

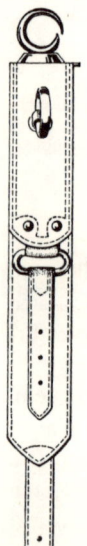

Bild 16 (links). Kammdeckel mit Aufsatzzügelhaken und feststehendem Leinenauge

Bild 17 (unten). Teil des Kammdeckels: Oberblattstrippe mit Strangschnalle und Kleinem Bauchgurt

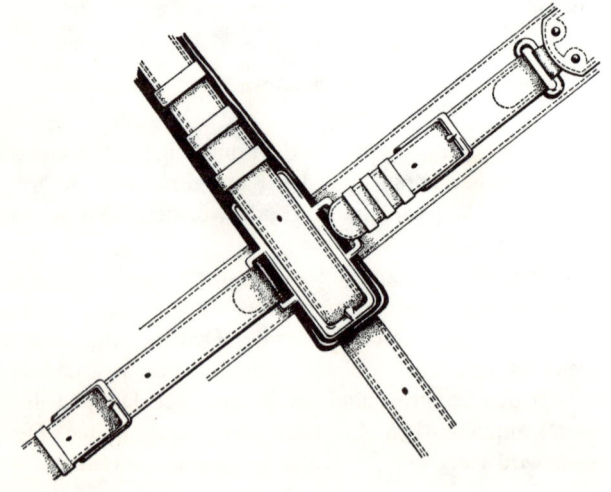

Nach dem Kumt kommt der Kammdeckel an die Reihe. Beim Zweispänner fahren wir mit Kammdeckel, nicht mit Sellette. Der Schweifriemen wird aufgelegt, die Schweifmetze zugeschnallt, und dann wird der Kammdeckel nach vorn in die richtige Position gebracht. Nun kann der Bauchgurt, in den der Sprungriemen eingeschlauft ist, befestigt werden. Der Kammdeckel unterscheidet sich von der Sellette durch sein leichteres Gewicht, auch hat er keinen über den Rücken laufenden Trageriemen (siehe Bild 16). Unterhalb des Leinenauges befindet sich auf jeder Seite je ein ovaler Metallring, in den kurze lederne Strupfen von drei Loch Länge eingenäht sind. Diese Oberblattstrupfen werden in Schnallen befestigt, die sich ebenfalls an je einer Lederstrupfe befinden, dem sogenannten Oberblattstößel (siehe Bild 14, 15 und 16). Haben wir nun die Strangschnalle mit der Oberblattstrupfe verschnallt, wird der Bauchgurt, in den der Sprungriemen eingeschlauft ist, festgezogen. Der Bauchgurt wird festgeschnallt an einer Lederstrupfe, die an die untere Bügelöse der Strangschnalle eingenäht ist (siehe Bild 17). Er wird nicht ganz so fest angezogen wie beim Einspännergeschirr.
Die Stränge werden den Pferden auf den Rücken gelegt, und zwar so, daß sie zum Anspannen bereitliegen. Da man stets zuerst den äußeren Strang befestigt, liegt dieser jeweils oben. Beim linken Pferd liegt also der linke Strang über dem rechten, und beim rechten Pferd ist es umgekehrt.
Zum Zweispännerkumtgeschirr gehört bisweilen auch Hintergeschirr, doch findet man dies häufiger bei der Brustblatt- als bei der Kumtanspannung. Das kommt daher, weil die Sielenanspannung eine etwas unsichere Sache ist, wenn man kein Hintergeschirr benutzt. Das Hintergeschirr wird folgendermaßen befestigt: Der Umgang wird auf oder unter den Strängen in die Strangschnalle geschnallt und geht dann um die Hinterhand herum zur Strangschnalle auf der anderen Seite. Er wird gehalten vom Kreuzriemen, der über die Hüften hinauf zum Schweifriemenende geht. Dieser Kreuzriemen hat häufig unterhalb des Umgangs eine Schlaufe, durch die die Stränge hindurchgehen. Wenn nun das Fahrzeug vorwärts rollt, geht der Druck, wie wir gesehen haben, von der Deichsel auf das Kumt. Die Kumtbügel bringen die Strangschnallen nach vorn, und daraufhin tritt das Hintergeschirr in Aktion. Dieses liegt nun fest an

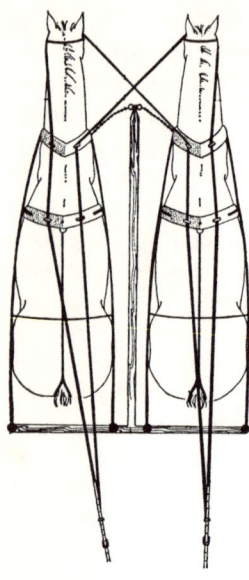
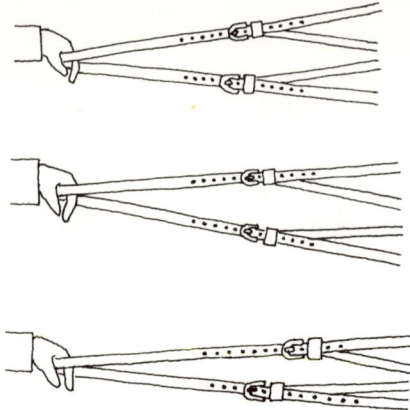

Bild 18 (links). Zweispänner mit Kreuzleine

Bild 19 (oben). Achenbachleine. Oben: Falsch verschnallte Leine. Mitte: Richtig verschnallte Leine (Normalschnallung). Unten: Richtig verschnallte Leine nach Arbeitseinteilung – links das fleißigere, rechts das faulere Pferd.

der Hinterhand an, die auf diese Weise das Gewicht des Wagens mittragen kann. Andernfalls würde das Pferd nur mit dem Hals ziehen. Wenn man kein Hintergeschirr benutzt, verwendet man oft sogenannte Strangträger, die die Stränge am Hin- und Herrutschen hindern sollen. Ein Riemen geht von oben nach unten durch das Schweifriemenende vor der Schweifmetze und über die Hüften. An beiden Enden dieses Riemens befindet sich eine Schlaufe, durch die die Stränge hindurchgehen, bevor sie an den Docken oder am Ortscheit festgemacht werden. Strangträger sind jedoch nach dem deutschen Fahrsystem überflüssig.

Als nächstes werden die Leinen eingezogen. Beim Zweispänner haben wir zwei Außenleinen, die von der Außenseite des Gebisses direkt in die Hand des Fahrers gehen, und zwei Innenleinen. Diese Innenleinen kreuzen sich, daher der Name Kreuzleinen, und zwar führt die linke Innenleine zum rechten und die rechte Innenleine zum linken Pferd hinüber (siehe Bild 18). Die Innenleinen werden auf den Außenleinen eingeschnallt, und zwar so, daß das Verschnallstück etwa 30 bis 40 cm vor der Hand liegt. In Deutschland fährt man mit der aus der englischen Leine entwickelten Achenbachleine, die eine Gesamtlänge von 4,50 m hat. Die beiden Innenleinen sind je 3,02 m lang. Das Kreuz, das heißt das Verschnallstück, ist 40 cm lang und hat 11 ovale Löcher im Abstand von je 4 cm. Die Normalschnallung ist im 6. Loch (siehe Bild 19). Der große Vorteil der englischen wie der Achenbachleine ist der, daß man vom Bock aus bequem die Leinen verschnallen kann. Im Verkehr ist daher die Kreuzleine Vorschrift. Die Innenleine, die an der linken Außenleine eingeschnallt ist, kommt von der linken Gebißseite des rechten Pferdes, und die an der rechten Außenleine befestigte kommt von der rechten Gebißseite des linken Pferdes. Das bedeutet: Wird die linke Leine angenommen, wenden beide Pferde nach links, da jeweils bei beiden Pferden Druck auf die linke Maulseite ausgeübt wird (wie auf Bild 18 zu sehen). Die Leinen enden in einer Strippe mit Spitze beziehungsweise in einer Schnalle, und zwar gehört die Leine mit der Schnalle am Ende auf das linke, die mit der Strippe auf das rechte Pferd. Das kommt daher, daß früher, vor allem zu Zeiten der Postkutsche, ein zweiter Kutscher oder Stallmann beim Aufschirren und Anspannen half und dem Kutscher die Leine hinüberwarf. Da war es besser, wenn diese keine Schnalle hatte, um – etwa bei Dunkelheit – eine Verletzung oder ein Erschrecken zu vermeiden. Man merke sich also: Schnal*l*e *l*inks, St*r*ippe *r*echts. Darauf sollte man immer achten, denn es ist recht är-

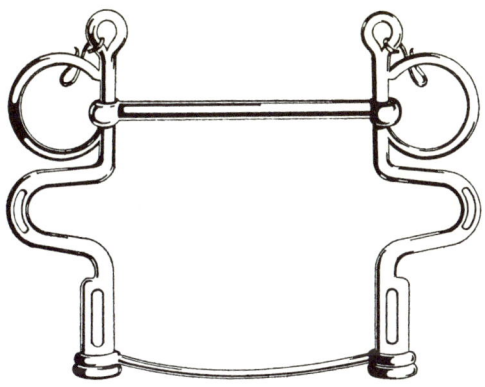

Bild 20. Buxtonkandare

gerlich, wenn man nach sorgfältigem Einschnallen der Innenleinen feststellen muß, daß man die falschen Außenleinen erwischt hat. Dann war nämlich die ganze Mühe umsonst. Das Einziehen der Leinen erfolgt, wie wir bereits gesagt haben, nach dem Aufschirren. Sie werden vorher in der Hand glatt ausgedreht, am Gebiß eingeschnallt und durch den äußeren Leinenring am Kumt und das Leinenauge am Kammdeckel geführt. Das Handende wird in kurzen Schleifen zusammengenommen und von hinten nach vorn hinter die Oberblattstrupfe gesteckt. Die Innenleine wird von vorn um den Kehlriemen geschlauft.

Zur Zäumung, die wie beim Einspänner erfolgt, ist noch folgendes zu sagen: Haben wir elegante Pferde und den entsprechenden Wagen und wollen unser Gespann vorteilhaft herausbringen, können wir die Buxtonkandare verwenden (siehe Bild 20). Ist unser Wagen jedoch ein leichterer Typ, empfiehlt sich eine unten geschlossene Liverpool- oder Ellbogenkandare. Diese Ausführung ist besonders günstig; sie verhindert nämlich, daß die (sonst unten freien) Kandarenbalken in die Innenleinen geraten oder sich im Kopfgestell des Nachbarpferdes festhaken.

Bei Liverpoolkandaren empfiehlt sich ein feststehendes Mundstück. Verwendet man Pumpgebisse, das heißt Gebisse, bei denen das Mundstück beweglich in den beiden Seitenbäumen angebracht ist, kann es zu Schwierigkeiten kommen.

Durch den seitlichen Anzug der Innenleinen kann es passieren, daß das Gebiß hochrutscht und die Lefzen einklemmt. Das verursacht dem Pferd arge Pein, und es wird sich möglicherweise das Kopfschlagen angewöhnen.

Um sich beide Pferde in die Hand zu spielen, hat es sich oft als notwendig erwiesen, das eine Pferd in den Schaumring und das andere in den ersten Schlitz zu schnallen. Man wird ein viel bequemeres Fahren haben, wenn man beide Pferde so zäumen kann, daß sie gleichmäßig gehen. Vielleicht wird man auch dem einen Pferd eine elastische Kinnkettenunterlage aus Gummi oder Leder einschnallen, während das andere mit der Kinnkette allein auskommt. Es gibt eine Fülle verschiedener Möglichkeiten, und wir werden vielleicht Monate geduldigen Experimentierens brauchen, bis wir die Ideallösung gefunden haben.

Das Anspannen

Vor dem Anspannen der Pferde sollte der Wagen an einer Stelle aufgestellt werden, von wo aus man bequem abfahren kann. Die Bremse wird dann angezogen. Die Aufhalter oder Aufhalteketten werden nun am Deichselkopf eingezogen, und der Deichselnagel wird gesichert. Hier wird es auch angebracht sein nachzusehen, ob der Drehkranz gut geschmiert ist. Ist er verschmutzt und völlig trokken, wird das Ziehen kein Vergnügen sein, denn dann ruckt die Deichsel von einer Seite zur anderen und stößt die Pferde mit ihrem unkontrollierbaren Hin und Her fast in die Zähne. Auch läßt sich ein Fahrzeug mit ungeschmiertem Drehkranz sehr schlecht steuern.
Jedes Pferd wird von hinten nach vorn längs der Deichsel an den Wagen herangeführt. Man sollte kein Pferd rückwärts an den Wagen herantreten lassen, sonst besteht die Gefahr, daß es ans Ortscheit tritt. Der Aufhalter wird nun in den losen Ring am Langring eingehakt. Dann wird als erstes der äußere Strang befestigt. Dadurch wird das Pferd daran gehindert, mit der Hinterhand vom Wagen wegzutreten. Befestigen wir zuerst den Innenstrang, kann das Pferd eine Kehrtwendung ausführen, da es nur vom Innenstrang und dem Aufhalter festgehalten wird. Wenn es nun in Unruhe gerät und das Zerren anfängt, ist ein Unfall nicht mehr weit. Beim Abschirren gilt das gleiche Prinzip: Der Außenstrang wird zuletzt gelöst. Der Innenstrang wird rasch, aber sorgfältig befestigt. Dabei sind wir gezwungen, uns hinter das Pferd zu bücken. Wenn nun eines der Pferde gern ausschlägt, sollte dieses als erstes angespannt werden. Man befestigt seinen Innenstrang von der anderen Seite der Deichsel aus, das ist sicherer, als sich bei einem solchen Pferd in den Bereich seiner Hinterhand zu begeben. Man sollte beim Befestigen der Stränge niemals zwischen den Pferden und dem Wagen herumkriechen, wie lammfromm die Tiere auch sein mögen. Sehr praktisch ist es, wenn zur besseren Unterscheidung die Innenstränge vorne stumpf und die Außenstränge vorne spitz (dreieckig) geschnitten sind.
Es gibt drei Anspannungsarten: die Spreng- und Spielwaage sowie die Dockenanspannung (siehe Bild 21). Die Sprengwaage ist mit ihrem Waagebalken fest mit dem Wagen verbunden, dazu gehören bewegliche Ortscheite (Schwengel). Die Spielwaage ist in der Mitte

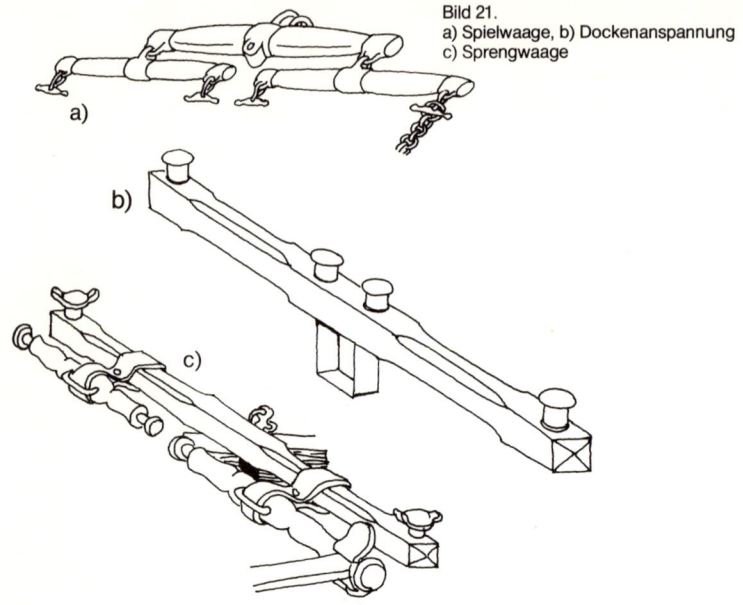

Bild 21.
a) Spielwaage, b) Dockenanspannung
c) Sprengwaage

des Waagebalkens so am Wagen angebracht, daß sie „Spiel hat" (daher der Name). Die Ortscheite sind ebenfalls beweglich. In der Landwirtschaft verwendet man hauptsächlich die Spielwaage; sie wirkt auf schlechten Wegen ausgleichend. Die Sprengwaage ist zum Einfahren und zum korrekten turniermäßigen Fahren unentbehrlich, sie ermöglicht ein exaktes Fahren von Wendungen und Ecken. Die Dockenanspannung ist starr, es gibt keine Ortscheite, die Stränge werden über die Docken gestreift und befestigt. Sie gehört ursprünglich zur Kumtanspannung und ist in England vorwiegend gebräuchlich; sie eignet sich aber nicht zum Fahren auf unebener, holpriger Bahn, weil hier die Stöße, die der Wagen darauf erfährt, durch die Zugstränge auf die Kumte und damit direkt auf die Pferdeschultern übertragen werden, was ziemlich schmerzhaft sein kann. In Deutschland fährt man meist mit Sprengwaage.
Wenn wir mit Dockenanspannung fahren, ist der Druck vom Kumt her auf die Außenseite des Halses etwas stärker. Wir kürzen die Innenstränge eine Kleinigkeit, dann liegt das Kumt wieder gerade.

Müssen die Stränge einmal nur wenige Zentimeter verkürzt werden, weniger als der Zwischenraum zwischen den einzelnen Löchern beträgt, so helfen wir uns, indem wir einen dicken Lederstreifen um die inneren Docken wickeln. Dadurch gehen die Stränge ein wenig weiter herum und verkürzen sich um das erforderliche Stück. Das ist auch besser, als zu viele Löcher in die Stränge zu machen, und wir vermeiden gleichzeitig, daß wir einmal beim Anspannen nicht den passenden Strang dabeihaben.

Das Fahren mit Ortscheiten ist besser als die starre Dockenanspannung. Bei der Sprengwaage mit beweglichen Ortscheiten geben die Stränge beim Ziehen abwechselnd nach, je nachdem welche Schulter gerade vorn ist. Der Zug ist immer gleichmäßig auf beide Schultern verteilt, und das Kumt liegt ebenmäßig auf der Schulter auf. Bei einer starren Anspannung arbeitet das Pferd im Zug erst mit der einen, dann mit der anderen Schulter und zieht so einmal am inneren und dann am äußeren Strang. Das ist für das Pferd unbequem (Gefahr der Schulterlahmheit!), außerdem liegt auch das Fahrzeug nicht so ruhig. Die Anspannung mit Ortscheiten beseitigt diese Schwierigkeiten.

Nun werden die Aufhalter passend gemacht. Haben wir Aufhalteketten mit einem Haken an jedem Ende, haken wir den einen am Deichselkopf beziehungsweise an der Deichselbrille ein, der andere geht von der Deichsel durch den losen Ring am Langring wieder zurück und wird außen an der Deichselbrille wieder eingehakt. Die Unterseite des Hakens gehört nach oben, damit dieser sich nicht in den Kandarenbalken verfangen kann. Die Aufhalter sollten beim Fahren so gespannt sein, daß sie der Deichsel noch einiges Spiel erlauben. Sind sie zu stramm, ziehen sie beständig die Pferdeköpfe nach unten, und die Pferde werden bald Schmerzen im Nacken und im Widerrist bekommen. Freilich ist es auch wieder sehr wichtig, daß sie nicht zu lose sind. Sie sollen schließlich den Wagen aufhalten, damit er den Pferden bergab nicht auf die Hacken rutscht (daher ja der Name Aufhalter). Im übrigen verdienen lederne Aufhalter den Vorzug vor Aufhalteketten. Die Innenleinen sind so zu kreuzen, daß die Leine zu dem mit dem Kopf höhergehenden Pferd über die andere Innenleine läuft. Wo sie sich kreuzen, kann ein Ring aufgeschoben sein, der sie zusammenhält und verhindert, daß eine Innenleine am Deichselkopf hängenbleibt. Doch ist im allgemeinen davon abzuraten, da beim Kopfschlagen des einen Pferdes das andere jedesmal im Maul gerissen wird. Der Ring gehört jedoch stilmäßig zur ungarischen Anspannung.

Jetzt ist das Anspannen beendet. Bevor wir aufsitzen, sollen wir aber noch einmal um Pferde und Wagen herumgehen, um uns zu vergewissern, daß alles in Ordnung ist. Wir achten besonders darauf, daß der Deichselnagel an seinem Platz steckt und alle vier Stränge festgemacht sind. Wenn die Ortscheite mit Lederriemchen versehen sind, die verhindern sollen, daß die Stränge abrutschen, muß man nachsehen, ob diese auch zugemacht sind. Auch sollte die Länge der Aufhalter überprüft werden. Hat man sie während des Anspannens langgeschnallt, darf man hinterher nicht vergessen, sie wieder aufzuziehen. Als letztes die Frage: Sind die Innenleinen richtig verschnallt? Ungeübten Fahrern soll es schon passiert sein, daß sie sie auf der verkehrten Außenleine eingeschnallt haben. Was das für böse Folgen haben kann, läßt sich leicht denken.

Das Aufsitzen

Das Aufnehmen der Leinen erfolgt wie beim Einspänner (vgl. S. 21 f.). Die Leinen werden aus der Oberblattstrupe am Kammdeckel herausgenommen und in der linken Hand gehalten. Die linke Leine liegt über dem Zeigefinger, die rechte unter dem Mittelfinger. Die linke Schnalle ist dabei noch 5 cm über die rechte Schnalle hinausgeschoben (dies wieder aus dem Grunde, weil die linke Leine zu dem rechts sitzenden Fahrer einen weiteren Weg hat). Je nach Abstand der Pferde vom Bock werden die Leinen verlängert, und nun sitzt der Fahrer auf. Er legt sich die Bockdecke um und nimmt die Peitsche in die Rechte. Der Schlag einer Zweispännerpeitsche ist etwas länger als der bei der Einspännerpeitsche, damit man auch das linke Pferd, das weiter vom Fahrer entfernt ist, bequem erreichen kann.

Ein Gespann von zwei gutgefahrenen und aufeinander eingespielten Pferden zu fahren ist keineswegs schwieriger, als einen Einspänner zu lenken. Das System ist genau das gleiche, und die Griffe, die wir im Einspänner-Kapitel beschrieben haben, gelten auch hier. Man merkt als Unterschied hauptsächlich nur, daß die Finger durch die Leinen etwas weiter auseinandergespreizt werden und daß man mehr Gewicht in der Hand hat. Das gilt besonders, wenn sich beide Pferde auf die Hand legen und pullen (dagegen hilft nur eins: weiches Annehmen und Nachgeben!). Beide Pferde müssen gleichmäßig im Zug stehen. Im Idealfall sollten sie im Trab sozusagen „diagonal im Gleichschritt marschieren". Rechtes Vorder- und linkes Hinterbein des linken Pferdes fußen gleichzeitig mit dem linken diagonalen Beinpaar des rechten Pferdes auf. In der Praxis übernimmt gewöhnlich ein Pferd die Führungsrolle, und das andere paßt sich dem Rhythmus an.

Schwierig wird es nur dann, wenn zwei rohe Pferde und ein Anfänger im Fahrsport aufeinander losgelassen werden und es sich um jemanden handelt, der keine oder nur recht bruchstückhafte Kenntnisse im Zweispännerfahren und in der richtigen Handhabung der Kreuzleine hat. Dies darf aber, weil höchst unsportlich und gefährlich zugleich, im Fahrsport gar nicht vorkommen.

Das Anfahren

Jetzt wird die Bremse behutsam gelöst. Erst dann erhalten die Pferde die Hilfe zum Anfahren. Ist das Lösen der Bremse mit Geräusch verbunden, so wird dies keineswegs als fein empfunden. Außerdem gewöhnen sich die Pferde daran, dieses Geräusch als Abfahrtssignal zu verstehen und sich daraufhin eines nach dem andern in Bewegung zu setzen. Die Pferde sollten aber erst, und dann natürlich gleichzeitig, antreten, wenn sie die Hilfe dazu bekommen: ein kurzes Annehmen und Nachgeben der Leinen. Haben wir nun ein faules und ein fleißiges Pferd, so müssen wir aufpassen, daß das Anfahren nicht in einer Schaukelbewegung erfolgt. Manchmal hilft es, wenn das eifrige von einer Hilfsperson festgehalten wird, bis das faule Pferd einen Teil der Last mit dem Kumt aufgenommen hat. Dann werden beide Pferde gleichmäßig anziehen. Tut man dies nicht, wird sich das fleißige Pferd angewöhnen, den Wagen allein in Gang zu bringen und seinen Partner mitzuziehen. Und dann werden wir es bald mit gerissenen Strängen oder Verstauchungen in der Hinterhand und Druckschmerzen am Rücken zu tun bekommen,

besonders wenn das Fahrzeug schwer ist oder in tiefem Boden feststeckt.
Auf das Kommando zum Anfahren sollen beide Pferde gemeinsam das Gewicht mit dem Kumt aufnehmen und anziehen. Während der Fahrt hat der Fahrer zu überprüfen, ob die Stränge und die Aufhalter die passende Länge haben und ob die Kreuzleinen richtig verschnallt sind, so daß sie die entsprechende Arbeitseinteilung bringen. Und dies kann sich von Tag zu Tag ändern: Die Verschnallung, die gestern richtig war, paßt heute vielleicht nicht mehr, obwohl Pferde, Wagen und Fahrer dieselben sind.

Grundschnallungen der Kreuzleine (Achenbachleine)

Das Geheimnis des Mehrspännerfahrens liegt hauptsächlich im richtigen Gebrauch der Kreuzleine. Als erstes müssen wir uns folgendes vergegenwärtigen: Die Aufhalter bringen die Pferde dicht an die Deichsel heran und ziehen sie zusammen. Daher muß der Fahrer darauf achten, daß die Innenleinen fest genug anstehen, damit auf beide Gebißseiten der Pferde ein gleichmäßiger Druck ausgeübt wird. Sind die Innenleinen zu lang, besteht der Kontakt mit dem Pferdemaul nur durch die Außenleine, die auf die äußere Gebißseite wirkt. Folge: Die Pferde drängen, das heißt sie sind nach außen gestellt, während der Körper zur Deichsel hin drängt. Sind die Innenleinen aber zu kurz, werden die Pferdeköpfe zusammengezogen. Folge: Es kommt zum Abdeichseln, das heißt die Pferde gehen nach innen gestellt und stemmen sich mit den inneren Vorderbeinen von der Deichsel weg. Abhilfe: Innenleinen ein bis zwei Loch länger schnallen, damit die Pferde die Köpfe geradehalten und gleichmäßig arbeiten können. Die Kumte liegen auf gleicher Höhe, alle vier Stränge stehen gleichmäßig an. Es gibt besonders schlaue Pferde, die wissen, wie man es macht, daß die Stränge stramm gespannt erscheinen, ohne daß sie in Wirklichkeit überhaupt ziehen. Das überlassen sie dem bedauernswerten Kompagnon. Auf solch ein Schlitzohr sollten wir ein scharfes Auge haben und ihm sein Handwerk legen. Der beste Weg, um festzustellen, ob ein Pferd zieht oder nicht, ist folgender: Wir beobachten die Muskeln auf der Kruppe. Wenn ein Pferd im Zug ist, arbeiten die Muskeln der Hinterhand; sie tre-

ten wellenförmig hervor. Zieht das Pferd nicht, schwingt die Kruppe nur leicht hin und her, während es gemütlich die Straße entlangzokkelt. Freilich können wir diesen Test nur machen, wenn wir bergauf fahren oder wenn es wirklich etwas zu ziehen gibt. Auf einer ebenen, glatten Straße kann es sein, daß das Pferd sein Pensum leistet, ohne daß man ihm eine besondere Anstrengung anmerkt.
Haben beide Pferde genau die gleiche Größe und Höhe und trägt sich kein Pferd höher als das andere, dann verwenden wir die Normalschnallung. Das heißt, die Innenleinen werden auf beiden Außenleinen in das mittlere der 11 Löcher – also in das sechste Loch – geschnallt. Nehmen wir aber einmal an, das linke Pferd hat einen langen Hals und trägt sich höher als das rechte, es geht sogar über dem Zügel. Das rechte Pferd dagegen hat einen kurzen Speckhals und überrollt sich, das heißt es geht mit tiefer, hinter die Senkrechte genommener Nase in stärkerer Beizäumung. Nun müssen wir die Kreuzleinen so verschnallen, daß sie einen Zugausgleich schaffen, daß also beide Pferde gleichmäßig arbeiten. Fahren wir diese Pferde in der Normalschnallung, so bedeutet dies, daß das äußere (= rechte) Pferd die ganze Arbeit tut, weil es, um „Anlehnung" am Gebiß zu finden, verstärkt nach vorne in die Stränge gehen muß. Abhilfe wird dadurch geschaffen, daß wir die Innenleine zum äußeren Pferd verkürzen, es um etwa zwei Löcher zurückschnallen. Dann werden wir auf die linke Gebißseite Druck ausüben, die rechte aber wird ohne Verbindung sein. Um dies zu regulieren, verkürzen wir die rechte Außenleine in der Hand. Da auf diese aber die Innenleine zum linken Pferd eingeschnallt ist (dem Pferd mit dem langen Hals), ziehen wir damit den linken Pferdekopf nach innen. Und das ist ja eigentlich das letzte, was uns vorschwebt. Wenn wir nun aber auf der rechten Außenleine die Innenleine zum linken Pferd um die gleiche Anzahl von Löchern vorschnallen und die linke Außenleine in der Hand etwas verlängern, haben wir die Sache wieder ins Gleichgewicht gebracht. Wenn wir das eine Pferd vorlassen und das andere zurückschnallen, sollten sich die Kumte auf gleicher Linie befinden. Starten wir aber sozusagen ohne Vorgabe, in Normalschnallung, müssen wir immer daran denken, bei etwaigem Verschnallen unterwegs – die Kreuzleine erlaubt ja ein Verschnallen vom Bock aus – stets um die gleiche Anzahl von Löchern zurückzu-

schnallen, um die wir auf der anderen Seite vorgeschnallt haben. Sonst ändert sich die Entfernung der Pferdeköpfe zum Deichselkopf, und die Aufhalter hängen nicht gleichmäßig durch.
Es gibt Kreuzleinen, die drei Löcher an den Einschnallstrippen haben, mit denen man die Leinen ins Gebiß einschnallt, und die für das Verschnallen der Außen- und Innenleinen verwendet werden. Das ist nicht praktisch; man sollte dazu nur die Kreuzschnallen des Kreuzstücks verwenden, sonst hat man leicht eine falsche, nicht individuell angepaßte Verschnallung.
Ein Nachteil der Kreuzleine besteht darin, daß man mit der Leine nicht auf ein Pferd einwirken kann, ohne daß das andere auch davon betroffen wird. Falls wir ein Pferd haben, das erst eingefahren wird, oder eines, das zu „Seitensprüngen" neigt, dann können wir uns helfen, indem wir diesem zur Innen- und Außenleine noch zusätzlich eine Einspännerleine einschnallen. Diese können wir ruhig durchhängen lassen; sie gibt uns jedenfalls das beruhigende Gefühl, daß wir bei einem Zwischenfall sofort eingreifen und den Schuldigen gezielt zur Ordnung rufen können.

Bergabfahren und Wendungen

Bergab fahren wir vorsichtig und in langsamem Tempo und benutzen dabei mit Gefühl die Bremse. Bevor wir diese bedienen, nehmen wir die Peitsche in die linke Hand zu den Leinen. So haben wir die Rechte frei für die Bremse und kommen nicht in Gefahr, das äußere Pferd zu irritieren oder gar mit dem Schlag im Rad hängenzubleiben. Wir beobachten dabei die Aufhalter: Sobald die Deichsel so weit vorgeht, daß die Aufhalter stramm gespannt sind, wird die Bremse ein wenig betätigt.
In jede Wendung geht man langsam hinein und denkt daran, daß das beim Wenden äußere Pferd einen längeren Weg hat und sein Gangmaß verlängern muß, um mit dem inneren Pferd Schritt zu halten. Gehen wir mit zu großem Tempo in die Wendung, muß das äußere Pferd zwangsläufig eilen, um herumzukommen. Es besteht die Gefahr, daß es ausgleitet oder sich Kronentritte zuzieht.
Manchmal haben Pferde auch die Angewohnheit, sich von der Deichsel weg zu stemmen (abzudeichseln) oder zu ihr hinzustreben

(drängen), ohne daß dies, wie zuvor besprochen, von falsch verschnallten Leinen kommt. Da Vorbeugen besser und einfacher ist als Heilen, empfiehlt es sich von vornherein, die Pferde häufig umzuspannen. Das sollte man tun, bevor sie sich diese Untugend angewöhnen. Auf jeden Fall sollte man auch den Beschlag überprüfen. Man läßt die Pferde besser mit Stollen gehen, da ein Rutschen oder schon ein bloßes Unsicherheitsgefühl auf glatter Straße auch zum Drängen oder Abdeichseln führen kann.

Rückwärtsrichten

Es gibt immer einmal Situationen, in denen man es nicht vermeiden kann, das Gespann zurückzusetzen. Daher sollte man es beizeiten geübt haben. Man nimmt die zuvor verkürzten Leinen gleichmäßig an und richtet ruhig und langsam Tritt für Tritt zurück. Sind die Pferde noch nicht ans Rückwärtsrichten gewöhnt, hält man in einer leichten Senke, wo der Wagen ohne Mühe zurückrollt, und stellt einen Helfer vor den Pferden auf, der ihnen mit einer Gerte abwechselnd an die Vorderbeine tippt. Bergab oder wenn die Pferde sich übereilen, zieht man leicht die Bremse an. Wichtig ist, daß die Deichsel keinen Einschlag hat, das heißt daß Vorder- und Hinterachse gerade bleiben. Will man jedoch zu einer Wendung zurücksetzen, muß die Deichsel den Einschlagswinkel haben, den sie auf dem gleichen Weg nach vorwärts gehabt hätte. Wichtig ist auch hier die weiche, gefühlvolle Hand, die niemals zerrt und zieht und immer wieder nachgibt.

Tandemfahren

Das Fahren mit zwei Pferden voreinander wurde vor vielen hundert Jahren sozusagen erfunden, als man auf die Idee kam, vor einen Einspänner noch ein Führpferd zu spannen, das helfen sollte, ein schwerbeladenes Fahrzeug durch den Morast zu ziehen oder auf schmalen Pfaden einen steilen Berg hinaufzuschaffen. Später wurde dies zur festen Gewohnheit: Der Postwagen wurde im Schnee stets von einem Tandem zu den weitverstreuten Ortschaften gezogen.
Um die Mitte des vorigen Jahrhunderts bildeten sich in England Tandemclubs, die auch Rennen austrugen. In den achtziger Jahren begeisterte man sich auch in Deutschland, besonders am Rhein, in der Kölner Gegend, für das Tandemfahren. Auch hier ist, wie beim deutschen Fahrsport überhaupt, der Name Benno von Achenbach zu nennen.
Man baute damals in England für das Tandemfahren Wagen mit halsbrecherisch hohen Sitzen, vermutlich um den Schneid der jungen Leute zu zeigen, die schnittige Blutpferde im Tandem kutschierten. Ein typisches Beispiel für diese Bauart zeigt die Cocking Cart, der „Hahnwagen", mit dem man Hähne zu Hahnenkämpfen transportierte (siehe Foto 6). Der Enthusiasmus, den zu Ende des 18. Jahrhunderts der damalige Prince of Wales (der spätere König George IV.) für halsbrecherisches Fahren an den Tag legte, brachte dem Tandemsport zahlreiche Anhänger. Der Prinz übertrumpfte sie dann freilich alle: Er fuhr Random, also drei Pferde voreinander, und seine Fahrt von London nach Brighton (ca. 80 km) in 4½ Stunden ging in die Geschichte des Fahrsports ein.
Bevor es Pferdetransporter gab, war es üblich, ein Jagdpferd als Spitzenpferd in einem Tandem zum Stelldichein zu bringen. Vor dem ziehenden Gabelpferd eingespannt, konnte sich der Hunter gemütlich warmtraben, ohne ins Schwitzen zu geraten. Bei der Ankunft bestieg man das Jagdpferd, und der Kutscher fuhr mit dem Gabelpferd und dem Wagen nach Hause zurück.

Wer nach Sinn und Zweck des Tandemfahrens fragt, dem sei die treffend-sarkastische Bemerkung eines Pferdehändlers nicht vorenthalten, der zu Ende des vorigen Jahrhunderts sagte: „Für mich ist ein Tandemfahrer ein kompletter Idiot: Er läßt zwei Rösser die Arbeit von einem tun, und wenn's gut geht, bricht er sich auch noch den Hals dabei!" Aber Spaß beiseite, wer sich vom Ein- und Zweispännerfahren weiterentwickeln will und dazu ein bißchen Pfeffer bei der Sache liebt, für den lautet die Antwort: Tandemfahren. Bei dem flotten Tempo, das hier vorgelegt wird, kann man natürlich auch einmal ganz schön Bruch machen. Wenn aber alles gut läuft, dann kann man sich dafür auch kein größeres Vergnügen vorstellen, als vom hohen Sitz herab zwei frei vorwärtsgehende Pferde zu kutschieren, die im Tandem angespannt sind und gut ans Gebiß herantreten.

Um zwei Pferde als wirklich gutes Tandem herauszubringen, braucht man eine weiche, gefühlvolle Hand und einen umsichtigen Kopf. Ja, man benötigt so viel Feingefühl, daß man das Lenken eines Tandems mit dem Harfenspiel verglichen hat.

In mancher Hinsicht ist das Tandemfahren schwieriger als das Lenken eines Viererzugs. Beim Viererzug halten sich die Vorderpferde gegenseitig „bei der Stange", aber beim Tandem ist es einzig und allein die Geschicklichkeit des Fahrers, die verhindert, daß das Spitzenpferd, der Leader, kehrt macht und plötzlich mit dem Kopf zum Wagen steht. Diese Geschicklichkeit einmal vorausgesetzt, ist für die meisten Damen, die unbedingt einmal vier Zügel halten wollen, ein Tandem eher zu empfehlen als ein Viererzug. Das Gewicht der Viererleinen allein genügt im allgemeinen schon, um Damen außer Puste kommen zu lassen. Ausgenommen natürlich Fahrerinnen, die außergewöhnlich gut durchtrainiert und schon an einen Viererzug gewöhnt sind. Freilich kann auch jemand, der in der Lage ist, ein Tandem sauber zu fahren, einen gut eingefahrenen Viererzug übernehmen und ihn eine bestimmte Strecke mit einiger Sicherheit kutschieren.

Die gleichen Grundregeln, die für den Viererzug gelten, sind auch für das Tandem richtig. In beiden Fällen hat man vier Zügel, und die Griffe sind ähnlich. Wenn ein Anfänger im Vierspännerfahren eine längere Überland- beziehungsweise Streckenfahrt antreten

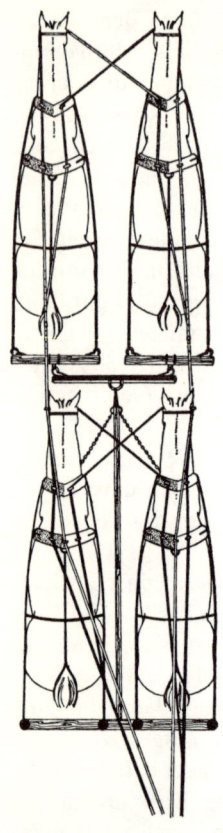

Bild 22. Leinenhaltung beim Viererzug

müßte, bekäme er Schwierigkeiten, denn die Muskeln in seinem linken Unterarm und in seinen Fingern wären vermutlich noch nicht stark genug, um die Pferde eine längere Strecke zu lenken, vor allem wenn sie sich pullend aufs Gebiß legen. Ganz abgesehen vom größeren Gewicht üben die Viererzugleinen einen viel stärkeren Druck auf den Arm aus. Im Viererzug benutzt man Kreuzleinen wie beim Zweispänner (siehe Bild 22). Sie sind schwerer zu fassen; der Fahrer hat mehr in der Hand und muß die Finger mehr spreizen. Tandemleinen dagegen gehen gestreckter vom Bock zu den Leinenaugen auf der Sellette des Gabelpferdes; sie liegen daher dichter zusammen und sind nicht so ermüdend zu halten. Für ein Tandem eignen sich im allgemeinen alle Pferde, die bereits im Einspänner eingefahren sind, dabei ruhig gehen und ein ausgeglichenes, verträgliches Temperament haben. Es ist freilich sehr wichtig, daß das Vorderpferd lernt, auch ohne die Unterstützung der Gabeln frei vorwärtszugehen. Wenn das Pferd korrekt ausgebildet wurde, ist es aber schon daran gewöhnt, an langer Leine im Schritt und Trab vorwärtszugehen. Also dürften auch keine Probleme auftauchen, wenn es jetzt als Leader eines Tandems gehen soll. Trotz allem sollte man Pferde erst im Tandem einspannen, wenn sie sich als absolut zuverlässig im Einspänner bewiesen haben. Zwei Tiere zu finden, die gut aussehen und gut gehen, ist beim Tandem nicht so schwierig wie beim Zweispänner. Der Leader kann etwas leichter und eleganter sein als das Gabelpferd, dazu mehr kokett im Ausdruck. Auch darf er ruhig etwas niedriger sein, er muß jedoch viel Schwung und Vorwärtsdrang haben und in schöner Selbsthaltung gehen. Dazu sollte er absolut verkehrssicher sein und weder scheuen und ausbrechen noch schlagen. Als Gabelpferd wünscht man sich das typische Einspännerpferd mit raumgreifender, freier Aktion, ein Pferd, das genau weiß, was es zu tun und zu lassen hat und auf das man sich hundertprozentig verlassen kann, wenn der Leader einmal verrückt spielt. Auch bei ihm muß man unbedingt sicher sein, daß es weder schlägt noch scheut. Nichts bringt einen Leader schneller zum Durchdrehen als ein unruhiges, auskeilendes Gabelpferd hinter sich. Von Pferden mit solchen Temperaments- beziehungsweise Charakterfehlern sollte man unter allen Umständen die Finger lassen.

Als Fahrzeug zum Tandemfahren eignet sich so gut wie jeder zweirädrige Wagen mit einem hohen Sitz, zum Beispiel Tandem Cart, Buggy Gig, Dogcart, Tilbury Gig. Das Beste ist eine zweirädrige Dogcart, doch findet man diese Wagen leider nur selten. Fahrzeuge mit niedrigem Bock sollte man nicht nehmen, denn mit einem solchen Vehikel Tandem zu fahren ist die ungemütlichste Sache von der Welt. Man kann den Leader nicht genau beobachten, geschweige denn unter Kontrolle halten, und die Leinen gehen nicht im richtigen Winkel zur Hand des Fahrers. Oft kann man den Sitz, wenn er nur etwas zu niedrig ist, mit Hilfe von ein oder zwei Polstern auf die passende Höhe bringen.

Für den Anfänger eignen sich die meisten hohen Gigs, während vierrädrige Wagen nicht zu empfehlen sind. Wenn es bei einem vierrädrigen Wagen passiert, daß das Spitzenpferd kehrtum macht, dann wird das Fahrzeug wahrscheinlich mitsamt dem Gabelpferd „auf Kippe" mit herumgezogen werden und ist dann in Gefahr umzustürzen. Ein zweirädriges Fahrzeug dagegen kann sich in einem solchen Falle leicht und rasch um die eigene Achse drehen, es bleibt dabei gerade. Dann kann man sich daran machen, das ganze Durcheinander zu entwirren und den Leader, also den Hauptübeltäter, wieder an seinen Platz zu bringen.

Vorübungen zum Tandemfahren

Der beste Weg, das Tandemfahren zu erlernen, ist immer noch der folgende: Wir fahren als Beifahrer mit einem Tandemexperten mit und beobachten mit Argusaugen jede seiner Bewegungen. Dann können wir, immer noch in Begleitung unseres Lehrmeisters, selber einmal die Leinen nehmen und einen ersten Versuch starten. Bedingung ist freilich, daß wir es mit zwei gut eingefahrenen Tandempferden zu tun haben, die flüssig vorwärtsgehen. Nun kann dieser erste Versuch allerdings auch recht deprimierend ausgehen: wenn wir nämlich feststellen müssen, daß das bisher flott geradeaus gehende Tandem in dem Moment, da wir die Leinen ergreifen, sich in einen heillosen Wirrwarr verwandelt, mehr nebeneinander als voreinander, auf jeden Fall durcheinander. Doch sollten wir uns nicht entmutigen lassen; mit einiger Geduld und Beharrlichkeit ist auch diese Kunst zu erlernen.

Wenn wir nun einmal ausprobiert haben, wie es ist, vier Leinen zu halten, machen wir zur Übung am besten folgendes: Wir nehmen zu Hause zwei Stühle, stellen sie voreinander und befestigen je zwei Leinen an der Rückenlehne. Die Leinen werden so gespannt, daß die Stühle auf den hinteren Beinen balancieren. Man bindet diese an etwas Festes an, damit sie nicht umkippen. Dann setzen wir uns mit einem Stuhl auf den Tisch und können nun als Fahrer Wendungen üben, Schleifen legen und alle Griffe ausprobieren, bis uns die Handhabung der vier Leinen in Fleisch und Blut übergegangen ist. Wir müssen unbedingt sicher wissen, wie die Leinen in der Hand liegen, damit wir im richtigen Moment sofort die richtige zu fassen bekommen. Bei diesen Übungen halten wir am besten eine Gerte in der Rechten, damit diese Hand sich daran gewöhnt, außer den Griffen auf den vier Leinen auch noch die Peitsche zu halten. Nach diesem „Zimmertandem" werden wir bei der nächsten Ausfahrt feststellen können, daß wir uns merklich verbessert haben. Weniger kompliziert lassen sich die Tandemleinengriffe üben, wenn man Zugang zu einem Fahrlehrgerät hat.

Tandemgeschirr und -anspannung

Das Geschirr für Tandempferde ist nicht weiter kompliziert. Das Gabelpferd geht im normalen Einspännergeschirr, dazu ist es noch mit folgenden vier Dingen ausgerüstet: Am Kopfgestell trägt es auf der Rosette einen Laufring für die Leinen des Spitzenpferdes, auch

Bild 23. Laufring beim Tandem;
a) auf der Rosette,
b) in der Schnalle des Kehlriemens befestigt

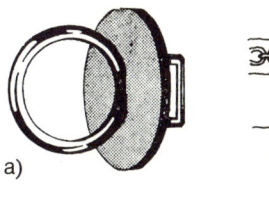
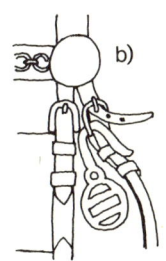

Leinenführungsring genannt (siehe Bild 23 a). Diese Anbringung auf der Rosette kann freilich zu Druckstellen führen, da die Vorderleinen über die Scheuklappen laufen und diese bei Wendungen in die Augen drücken (sicheres Anzeichen: Kopfschlagen!). Es empfiehlt sich daher, den Laufring an einem Riemchen in der Schnalle des Kehlriemens zu befestigen (siehe Bild 23 b). Dann hängt er frei, und nichts kann scheuern. Die Kandare des Gabelpferdes ist unten geschlossen (zum Beispiel Ellbogen- oder Buxtonkandare, siehe Bild 20). Eine Stange verbindet die beiden Kandarenbalken. Dadurch wird verhindert, daß sich das Gabelpferd mit einem Kandarenbalken in den Vorderleinen verhakt und dem Leader so unbeabsichtigt das Signal zu einer scharfen Wendung gibt. Die Strangschnallen haben auf der Unterseite eine Metallöse zum Einhaken der Vorderstränge beziehungsweise der Verbindungsstücke zum Tandem-Doppelortscheit (siehe Bild 24). Die Leinenaugen auf der Sellette sind beim Tandem mit einem Querbalken versehen, sie heißen Tandemschlüssel (siehe Bild 25). Die Leinen des Gabelpferdes

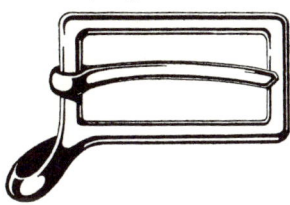

Bild 24. Strangschnalle des Tandem-Gabelpferdgeschirrs

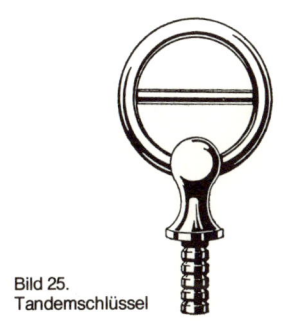

Bild 25. Tandemschlüssel

Bild 26. Sellette des Tandem-Spitzpferdes

werden durch den unteren Halbkreis geführt, die des Leaders durch den oberen. Der Querbalken trennt also die Leinen beider Pferde. Auf diese Weise können sie nicht durcheinandergeraten, sonst würde man womöglich, wenn man ein Pferd geraderichten will, das andere erwischen.

Das Geschirr des Leaders ist normalerweise möglichst leicht. Das Kopfgestell sollte zu dem des anderen Pferdes passen, was die Verarbeitung des Leders, die Form der Scheuleder und der Schnallen angeht. Die Stirnbänder sollten die gleiche Farbe (beziehungsweise Farben) haben, Mähne und Schweif bei beiden gleichmäßig frisiert sein. Häufig läßt man den Leader im Brustblattgeschirr gehen; dies ist freilich eine Sache des persönlichen Geschmacks. Die Sellette ist leichter als die des Gabelpferdes, ohne Trageriemen und kleinen Bauchgurt. Dafür ist sie auf jeder Seite mit einer Lederschlaufe versehen (siehe Bild 26). Durch diesen Durchlaß gehen die Vorderstränge hindurch. Wo der Schweifriemen in die Schweifmetze übergeht, befindet sich der Rückenriemen mit den Strangträgern. Diese Lederschlaufen, die am Rückenriemen angeschnallt sind, halten die Stränge in der richtigen Höhe. Dadurch hängen sie nicht zu weit herab und können dem Leader nicht zwischen die Hinterbeine geraten, noch kann das Gabelpferd mit den Vorderbeinen hineintreten. Die Stränge des Spitzenpferdes sind 90 cm länger als normale Einspännerstränge und haben Federhaken am Ende (siehe Bild 27), mit denen sie in den Strangschnallen des Gabelpferdes festgemacht werden. Fährt man mit Tandem-Doppelortscheit (Bild 28, siehe auch Fotos 5 und 6), benutzt man für den Leader normale Einspännerstränge. Das Ortscheit für das Gabelpferd ist im allgemeinen 55 cm, das für das Spitzenpferd 75 cm lang. Am Ortscheit des Gabelpferdes befinden sich außen an jedem Ende Metallösen mit einem runden Auge, an denen zwei Strangteile von 50 cm Länge mit Ösen an jedem Ende

(Gesamtlänge 65 cm) befestigt sind. Diese werden in der besonderen Öse der Strangschnalle (Bild 24) eingehakt. Die beiden Ortscheite sind in der Mitte durch zwei ineinandergehende Metallringe verbunden (Entfernung beider Ortscheite 13 cm). An dieser Halterung befindet sich eine kurze Kette von etwa 20 cm Länge, die am Kumt des Gabelpferdes im Kumtschließer (Langring beziehungsweise Schlußkette) eingehängt wird, neben dem Sprungriemen. Dadurch hängen die Ortscheite hoch genug, so daß sie dem Gabelpferd nicht an die Vorderbeine schlagen. Fährt man mit Doppelortscheit, sollte man darauf achten, daß die Metallringe in der Mitte, die die beiden Ortscheite zusammenhalten, noch durch einen kleinen Lederriemen zusätzlich gesichert werden. Dann kann sich auch der Kandarenbalken des Gabelpferdes nicht in den Metallringen verhaken. Um des einheitlichen Aussehens willen sollten die Ortscheite zum Wagen passen, also wie die Gabeln schwarz lackiert oder hell sein. Die Beschläge des Geschirrs sollten mit denen des Wagens – einschließlich des Metalls der Lampen und Griffe beziehungsweise des Geländers – übereinstimmen. Das Fahren mit Tandem-Doppelortscheit ist für den Anfänger viel leichter als die Anspannung mit langen Strängen. Man kann auch in einer engen Straße bequemer wen-

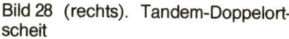
Bild 28 (rechts). Tandem-Doppelortscheit

Bild 27 (links). Federhaken am Strangende des Tandem-Spitzpferdes

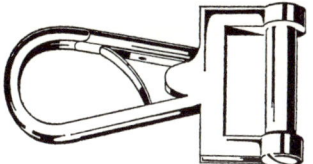

den, während ohne Doppelortscheit die Stränge lang bis auf den Boden herunterhängen und zu einer Gefahrenquelle werden können.

Das Anspannen

Beim Anspannen kommt zuerst das Gabelpferd an die Reihe, das genauso angespannt wird, wie wir es für den Einspänner beschrieben haben (s. S. 18 ff.). Nehmen wir das Doppelortscheit, wird dies jetzt am Gabelpferd angebracht, Dann wird der Leader vor das Gabelpferd geführt, seine Stränge werden durch den Durchlaß, die Lederschlaufe auf seiner Sellette, gezogen, falls das nicht schon im Stall geschehen ist. Es ist oft bequemer, wenn wir die Stränge bereits durch die Durchlässe gezogen und über den Rücken gelegt haben, bevor wir das Pferd aus dem Stall führen. Bei langen Vordersträngen legen wir diese zu Achterschleifen zusammen, die wir am Leinenauge festmachen. Ist das bereits vorher geschehen, geht das Anschirren schneller und ohne größeres Hin und Her. Die Stränge gehen durch die Strangträger, bevor sie am vorderen Ortscheit beziehungsweise an der Strangschnalle festgemacht werden, je nachdem, wie wir anspannen. Die Leinen des Vorderpferdes gehen (bei Kumtanspannung) durch die Leinenaugen am Kumt und auf der Sellette, dann durch die Laufringe des Gabelpferdes und schließlich durch den oberen Halbkreis des Tandemschlüssels, bevor sie mit den Leinen des Gabelpferdes zusammengenommen und diesem in Schleifen über den Rücken gelegt werden. Die Vorderleinen gehen nicht durch die Leinenaugen am Kumt des Gabelpferdes.
Sind beide Pferde angespannt, werden sie von einem Helfer gehalten. Dieser steht rechts am Kopf des Gabelpferdes. Mit der rechten Hand hält er dieses am Backenstück, die Linke faßt die etwas herausgezogenen Vorderleinen vor dem Kopf des Gabelpferdes. Man sollte beim Anschirren wie auch beim Fahren eines Tandems nie auf eine Hilfs- und Begleitperson verzichten. Ist das Anspannen beendet, geht der Fahrer wie üblich um das Gespann herum und prüft, ob alles in Ordnung ist. Das Spitzenpferd sollte jetzt so stehen, daß die Vorderstränge leicht durchhängen. Nun nimmt der Fahrer die Leinen auf: Die Leinenhaltung ist die gleiche wie beim Viererzug (s. Bild 29): Alle Leinen in der Linken, und zwar:

Bild 29. Leinenhaltung beim Tandem oder Viererzug

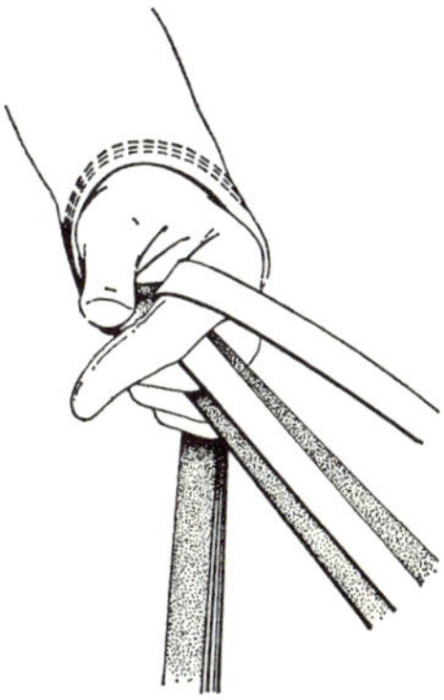

Vorne links über dem Zeigefinger;
vorne rechts unter dem Zeigefinger;
hinten links unter der rechten Vorderleine;
überm Mittelfinger;
hinten rechts unterm Mittelfinger.
Die Leinen liegen also von oben nach unten gesehen:
VL
VR
HL
HR
VR und HL sind die Mittelleinen. In dieser Position werden die Leinen festgehalten, und dritter und vierter Finger drücken sie an die Handfläche. Ein genaues Abmessen der Leinen ist sehr wichtig; sobald der Fahrer sitzt, überprüft er, ob sie gleichmäßig anstehen. Für einen Anfänger beim Tandemfahren ist es eine große Hilfe, wenn sein Lehrmeister die Leinen dort leicht markiert hat, wo sie der Fahrer bei eben diesen Pferden halten soll, wenn sie auf ebener Straße im Trabe geradeaus gehen. Mit dieser kleinen Vorgabe fällt es uns erstaunlich viel leichter, die Pferde so zu fahren, daß beide die richtige Arbeitseinteilung haben, das heißt das Vorderpferd geht mit losen Strängen. Hat der Fahrer nun seinen Platz eingenommen, muß er darauf achten, daß er fürs Tandemfahren auch richtig sitzt. Es ist falsch, eine möglichst hohe Haltung einzunehmen, indem man sich fast im Stehen gegen den Sitz lehnt. Dies ist sehr gefährlich, denn wenn ein Pferd ausgleitet oder fällt, reißt es den Fahrer von seiner luftigen Höhe herab. Daher müssen wir unbedingt eine sichere Position auf unserem Sitz einnehmen, und dazu darf dieser hinten höchstens 10 cm höher sein als vorne. Die Füße stellen wir fest auf das Bockbrett oder auf den Boden.

Das Anfahren

Haben wir die Peitsche in die Rechte genommen und die Bockdecke um die Knie gelegt, geben wir den Pferden durch ein leichtes An-

nehmen das Zeichen zum Anfahren. Mit unserem Gehilfen verständigen wir uns am besten durch ein Kopfnicken, wenn er den Pferden die Köpfe freigeben soll. Das ist zweckmäßiger, als wenn wir ihm zurufen: „Laß los!" Sonst fassen die Pferde dies als Kommando auf und setzen sich in Bewegung, bevor sie durch die korrekte Hilfe dazu aufgefordert werden. Haben wir die Pferde beim Stehen eingedeckt, zieht der Gehilfe jetzt die Decken herunter: aber vorsichtig, nicht in kühnem Schwung. Beim Tandemfahren kann man schon beim Anfahren eine unangenehme Situation heraufbeschwören, wenn man nämlich keine weiche Hand hat und jeweils nach dem Annehmen das Nachgeben vergißt. Haben wir zum Beispiel als Leader ein Pferd, das höher im Blut steht und daher viel empfindlicher ist als das Gabelpferd, müssen wir unser Tandem mit äußerstem Fingerspitzengefühl starten. Wenn ein Anfänger einem solchen Team das Kommando zum Anfahren gibt, sieht das weitere dann so aus: Der Leader tritt augenblicklich an, während sein Gefährte noch wie festgewurzelt stehenbleibt. Ein paar Augenblicke später ist auch bei ihm der Groschen gefallen: Er setzt sich in Bewegung. Jetzt ist aber der Leader stehengeblieben, da er einen plötzlichen harten Ruck an den Strängen verspürt hat. Das Gabelpferd aber, nun endlich in Bewegung und nicht mehr aufzuhalten, rennt in den Leader hinein und piekt ihm mit den Gabelenden in die Kehrseite. Kein Wunder, wenn der unliebsam überraschte Leader nun einen Satz nach vorne macht und zum Auskeilen ansetzt. Dabei kann dann noch ein Ortscheit zu Bruch gehen oder ein Strang reißen. Spannende Momente dieser Art können Pferde und Fahrer erleben, wenn beide Seiten sich ohne große Erfahrung auf das Abenteuer des Tandemfahrens eingelassen haben.
Solch eine mißglückte Schaunummer läßt sich aber durchaus vermeiden; man muß nur dafür sorgen, daß das Gabelpferd einen winzigen Augenblick früher antritt, bevor der Leader das Kommando zum Anfahren erhält. Dieser Übergang erfordert vom Fahrer freilich äußerstes Fingerspitzengefühl.
Rollt das Fahrzeug erst einmal langsam dahin, kann der Gehilfe aufspringen und seinen Platz einnehmen.

Die Arbeitseinteilung beim Tandem

Das Wichtigste, was wir beim Tandemfahren wissen müssen, ist folgendes: Das Pferd, das zieht, ist das Gabelpferd. Der Leader soll zwar am Gebiß stehen, er muß aber auf alle Fälle aus dem Zug herausgenommen sein. Die Ausnahme: Beim Bergauffahren kann er das Gabelpferd beim Ziehen unterstützen. Zieht der Leader aber die ganze Zeit, fühlt sich das arme Gabelpferd hinterhergezerrt, wie etwa ein Kind, das von einem Großen, der schneller laufen kann, an der Hand mitgeschleift wird. Wer dieses jämmerliche Gefühl einmal erlebt hat, wird mit dem Gabelpferd in seiner unglücklichen Lage mitfühlen. Aus Aufregung und Ärger darüber, daß es von einem anderen Pferd vorwärtsgerissen wird, und aus Angst vor dem Hinfallen wird es anfangen, sich dagegenzustemmen. Dann beginnt ein Tauziehen zwischen Vorder- und Gabelpferd. Für diesen Kampf läßt sich folgender Ausgang prophezeien: Entweder liegt das Gabelpferd auf der Nase, oder es beendet den Kampf um sein Gleichgewicht siegreich – sitzt aber nun auf der Hinterhand, das Kumt beinahe hinter den Ohren.

Wendungen beim Tandemfahren

Bei Wendungen bleiben die Leinen stets in der linken Hand; die Leinenhaltung wird *auf keinen Fall* verändert. Die Rechte hält die Peitsche und unterstützt die Linke. Der einfachste Griff ist folgender: Die Rechte geht etwa 10 cm vor die Linke, so daß sie sofort eingreifen kann. Dritter und vierter Finger der rechten Hand liegen über den rechten Leinen, der Mittelfinger geht über die linke Hinterleine, der Zeigefinger liegt über der linken Vorderleine. Die rechten Leinen können dabei wie eine gefaßt werden.
Um mit den Pferden nach links auszuweichen, etwa um ein parkendes Fahrzeug auf der Straße zu überholen, drehen wir die Linke so, daß der Daumen nach unten zum Körper hin zeigt (Handrücken aufwärts). Auf diese Weise wird die linke – innere – Vorderleine angenommen, und zugleich übt die rechte Hand mit dem Mittelfinger Druck auf die linke Hinterleine aus. Dadurch schwenken beide Pferde nach links. Beim Ausweichen nach rechts üben kleiner und

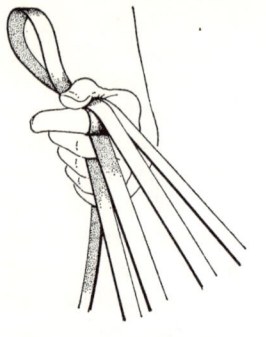

Bild 30. Das Schleifenlegen

Mittelfinger der rechten Hand auf beide rechte Leinen einen Druck nach unten aus. Daraufhin wenden beide Pferde nach rechts ab.

Vor jeder Winkelwendung – bei Kreuzungen – muß man das Tempo verlangsamen und die Pferde ausbalancieren. Der moderne Straßenbelag ist sehr glatt, und wenn die Pferde unbalanciert in die Wendung gehen, können sie ausgleiten und fallen. Sie sollen gut am Gebiß stehen und ruhig und gleichmäßig traben. Der Leader ist aus dem Zug herausgenommen. Steht er dagegen stramm in den Strängen, kann das Gabelpferd den Wagen nicht in die Wendung bringen. Wenn wir um Straßenecken herumfahren müssen, wird es oft bequemer sein, wenn wir uns eine Schleife auf der Vorderleine legen. Wir wollen uns einmal ansehen, wie das geht.

Wir stellen uns vor, wir wollten auf der Straße nach rechts abbiegen. Wenn sich das Spitzenpferd auf der Mitte der Straßenkreuzung – in Höhe des Bordsteins der Seitenstraße – befindet, legen wir eine Schleife auf der rechten Vorderleine. Dazu nehmen wir mit der Rechten etwa 20 cm auf und halten dieses Stück fest, indem wir Daumen und Zeigefinger der Linken zudrücken (siehe Bild 30). Dadurch bringen wir das Vorderpferd nach rechts, doch müssen wir bei der ganzen Prozedur schon einige Geschicklichkeit an den Tag legen. Gleichzeitig soll nämlich auf der linken Hinterleine gegengehalten werden – durch Druck des Mittelfingers der rechten Hand –, um sicherzustellen, daß das Gabelpferd nicht die Ecke abschneidet. Wenn der Leader um die Bordsteinschwelle herum ist, muß die Schleife durchgleiten. Andernfalls dreht er sich immer weiter nach innen und steht zu guter Letzt mit dem Kopf zum Fahrer. Als nächstes geben wir mit der bisher verwahrenden linken Hinterleine nach und lassen das Gabelpferd dem Leader in die Wendung folgen. Schwenkt das Gabelpferd nicht schnell genug nach rechts, kann der

kleine Finger der rechten Hand auf der rechten Vorderleine ein wenig Widerstand geben.
Durch das Schleifenlegen kann man Vorder- und Hinterpferde gleichmäßig in die Wendung bringen. Da man bei einer Kehre nach links einen weiteren Weg hat als beim Abbiegen nach rechts, muß die Schleife bei Rechtswendungen schneller losgelassen werden als bei Linkswendungen.
Man kann auch nach rechts abbiegen, ohne eine Schleife zu legen, und zwar geht das folgendermaßen: Die Leinen werden verkürzt, die rechte Hand faßt auf allen vier Leinen etwa 10 bis 15 cm vor und hält dabei die linke Hinterleine mit dem Mittelfinger vermehrt fest. Dadurch wirkt diese gegenhaltend auf die linke Gebißseite des Gabelpferdes. Die linke Hand dreht sich mit dem Handrücken abwärts und gibt etwas nach. Dadurch verlängert sich die linke Vorderleine, während gleichzeitig die rechte angenommen wird; der Leader wendet nach rechts, und das Gabelpferd folgt weich in die Wendung. Wir sind also, wie beim Ein- und Zweispänner, durch Nachgeben der äußeren Leine in die Wendung gegangen.
Bei einer Linkswendung geht die rechte Hand auf den rechten Leinen 10 cm vor und faßt sie beide wie eine. Mit Daumen und Zeigefinger legt die Rechte nun auf der linken Vorderleine eine Schleife, um den Leader abschwenken zu lassen. Die Rechte soll dabei auf beiden rechten Leinen gegenhalten. Bei Pferden, die gut am Gebiß stehen und durchs Genick treten, kann man leichte Richtungsänderungen durch einfaches Ein- und Ausdrehen der Linken und durch Stellung der Hand in die Wendung erreichen. Die rechte Hand unterstützt dabei die linke, wenn nötig; das ist alles, was in diesem Fall zu einer sauberen Wendung gehört.
Haben die Pferde die Neigung, nicht geradegerichtet hintereinanderzugehen, kann man sie auf Vordermann ausrichten, indem man die Mittelleinen entweder verkürzt oder verlängert. Wenn zum Beispiel der Leader nach rechts drängt und das Gabelpferd nach links, kann man beide sofort geraderichten, indem man die Leinen vorne rechts und hinten links verlängert. Ist es umgekehrt, und drängt der Leader nach links und das Gabelpferd nach rechts, dann müssen wir vorne rechts und hinten links die Leinen annehmen, um die gewünschte Wirkung zu erzielen. Beim Verlängern oder Verkürzen

der Leinen greift die Rechte vor die Linke, nimmt bei beiden Pferden Verbindung mit dem Pferdemaul auf, und nun wird die erforderliche Länge aus der linken Hand herausgezogen beziehungsweise in sie hineingeschoben, und zwar von vorne nach hinten.

Die linke Hinterleine hat oft die fatale Neigung durchzugleiten, vor allem, wenn man keine Handschuhe trägt und sie nicht einzeln gefaßt hat. Dann liegt sie direkt unter der rechten Vorderleine, und Leder auf Leder bringt sie zum Durchrutschen. Ein probates Mittel dagegen besteht darin, sich einfach aufs Ende draufzusetzen. Für diesen Tip wird vor allem der Anfänger dankbar sein, wenn er gerade wieder einmal mit wachsender Verzweiflung nach der verschwundenen linken Hinterleine fahndet.

Bergauf- und Bergabfahren

Bei einer steilen Fahrt bergab muß der Leader unbedingt voll aus den Strängen genommen werden. Wenn er auch nur ein wenig zieht, wird das Gabelpferd in seinem Bemühen, den Wagen aufzuhalten, behindert, und das kann damit enden, daß es ausgleitet und hinfällt. Um den Leader völlig aus dem Zug zu nehmen, können wir auf beiden Vorderleinen eine Schleife legen, die wir loslassen, sobald wir wieder ebenen Boden unter den Füßen haben. Mancher mag es vielleicht auch einfacher finden, die Vorderleinen nach dem deutschen System zu verkürzen und wieder zu verlängern.

Geht es bergauf, sollten die Vorderleinen verlängert werden. Man zieht mit der Rechten die erforderliche Länge aus der Linken. Dadurch versetzt man den Leader in die Lage, dem Gabelpferd zu helfen, den Wagen bergauf zu ziehen. Freilich darf er nicht zu stark in den Zug hereingenommen werden, sonst schieben sich die Stränge hoch bis über den Rücken.

Falls das Vorderpferd einmal unvermutet eine Kehrtwendung macht, halten wir uns am besten an die Devise: „Nichts wie hinterher!" und lassen das Gabelpferd ebenfalls kehrtmachen. Unser eigentliches Ziel vertagen wir dabei einmal auf später. Hat man das Gabelpferd in einem solchen Fall nicht ebenfalls kehrtmachen lassen, geht die Sache meist so aus: Der Leader steht mit dem Kopf am Schweif des Gabelpferdes, mit einem gerissenen Strang als Zugabe.

Bei einem solchen Manöver sollte man das Gabelpferd, wenn irgend möglich, ein oder zwei Tritte zurücktreten lassen, damit das Durcheinander nicht noch größer wird.

Der Gebrauch der Peitsche beim Tandem

Wer gut Tandem fahren will, muß geschickt mit der Peitsche umgehen können. Die Handhabung ist übrigens genau die gleiche wie bei der Viererzugpeitsche. Der Stock einer Tandempeitsche ist 1,50 m lang, die Schnur etwa 2,40 m. Die ganze Peitsche muß leicht sein und die richtige Schwerpunktverteilung haben. Vom Gebrauch einer schweren, kopflastigen Peitsche bekommt man Schmerzen im Handgelenk. Wenn man gerade nicht mit der Peitsche arbeitet, fängt man den Schlag so, daß dieser in einer etwa 75 cm langen Schleife, der Doppelschnur, vom Ende des Stocks herabhängt. Die übrige Schnur windet sich in Kringeln um den Stock, das Ende hält der Fahrer unter dem rechten Daumen. Das Fangen des Schlags und das Aufwerfen der Peitsche sollte man unbedingt erst „zu Fuß" üben, bevor man es vom Fahrersitz aus versucht. Der zweckmäßige Weg, um diese knifflige Kunst zu erlernen, ist folgender: Wir malen uns mit Kreide ein großes S an die Wand (siehe Bild 31). Nun stellen wir uns in einiger Entfernung von der Mauer auf und nehmen die Peitsche in die Rechte. Das Ende des Schlages halten wir mit dem rechten Daumen fest (siehe Bild 32 a, Seite 66). Nun folgen wir mit dem Bogen, also dem oberen Ende des Stocks, dem S, von links unten angefangen. Wir führen den Stock bis zum Beginn des zweiten S-Bogens, beschleunigen jetzt die Bewegung und halten am Ende des S kurz an, die rechte Hand fest um den Stock geschlossen. Durch das plötzliche Anhalten fliegt die Schnur gegen den Stock und wickelt sich in

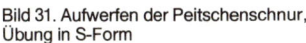

Bild 31. Aufwerfen der Peitschenschnur, Übung in S-Form

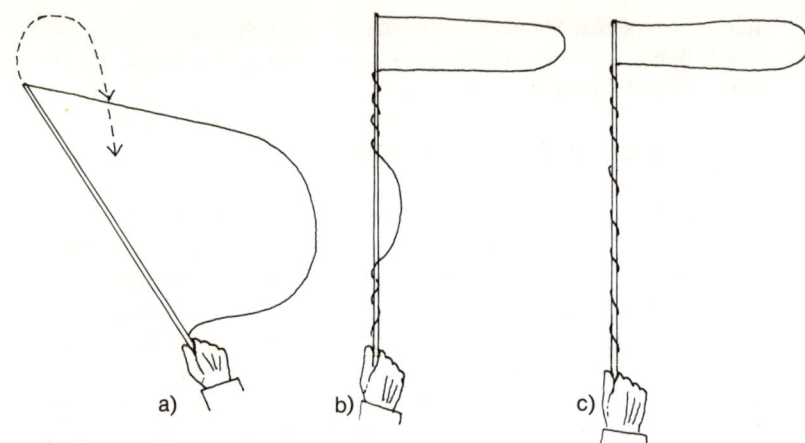

Bild 32. Fangen des Schlags und Abwickeln

zwei Windungen um diesen herum (siehe Bild 32 b). Die vordere, größere Windung ist die Doppelschnur. Man bringt nun die Peitsche beinahe waagrecht in die Ausgangsstellung zurück und hält sie ganz leicht mit Daumen und Zeigefinger der Linken, damit die Rechte frei ist, um die Schnurspitze rückwärts um das Stockende zu wickeln und so die kleinere Windung aufzulösen. Anschließend gibt man sie in die rechte Hand zurück (Bild 32 c).

Um beim Fahren das Vorderpferd zu treffen, muß die Peitsche abgewickelt werden. Man führt sie in einem Halbkreis nach halbrechts-vorwärts und trifft mit der Schnur zwischen Hüfte und Sellette. Der Schlag wird danach wieder gefangen, indem man die Peitsche hochnimmt bis zur Senkrechten und die Schnur, besser noch die Spitze der Schnur, mit der rechten Hand oder mit dem linken Unterarm festhält. Dann wird sie wieder aufgeworfen und abgewickelt wie zuvor beschrieben.

Man wird sich leicht vorstellen können, daß man hierzu ein reichliches „Trockentraining" braucht und immer wieder üben muß, ein erst nur in der Phantasie vorhandenes Vorderpferd zu treffen und die Peitsche richtig aufzuwerfen und wieder abzuwickeln. Ohne genügende Vorübungen werden wir die Beifahrer um ihren Hut er-

leichtern, und das Gabelpferd wird das einstecken müssen, was eigentlich seinem Partner zugedacht ist.
Nachdem wir nun diese knifflige Sache hinter uns gebracht haben, wird wohl jeder von uns aus vollem Herzen der Behauptung zustimmen, daß man als Tandemneuling unbedingt ein scheufreies, flott vorwärtsgehendes Spitzenpferd haben sollte. Es wird den unschätzbaren Vorteil mit sich bringen, daß wir den Gebrauch der Peitsche auf gottlob seltene Notfälle beschränken können. Wenn wir für das Gabelpferd die Peitsche brauchen, haben wir es leichter: Wir treffen es mit der Doppelschnur direkt hinter der Sellette, beim strafenden Peitschengebrauch an der Schulter.
Vor dem Gebrauch der Peitsche müssen die Leinen rechtzeitig verkürzt werden, denn die rechte Hand hat dann genug zu tun, um den Schlag zu fangen und die Peitsche wieder abzuwickeln. Sie würde Mühe haben, der Linken sofort zu Hilfe zu kommen, falls es in diesem Moment gerade nötig sein sollte.
Wir denken daran, daß alle Peitschenhilfen immer ruhig und aus langem Arm heraus gegeben werden. Auch dürfen wir nie „zurückzupfen", da sonst die Schnur leicht an der Sellette hängenbleibt.

Die Grundausbildung: Longenarbeit

Bei der Ausbildung von Pferden schwört gewöhnlich jeder auf seine eigene Methode; man wird kaum je völlige Übereinstimmung in allen Punkten erreichen. So verschieden die Wege sind, die eingeschlagen werden, so unterschiedlich ist auch das Ergebnis. Den Ausbildungsgang, der hier im folgenden geschildert wird, habe ich selbst bei einer Vielzahl von Pferden erprobt. Es sollen damit Richtlinien für einen Trainingsaufbau gegeben werden.
Man kann sagen, daß die meisten Pferde im Fahrsport eingesetzt werden können. Voraussetzung ist nur, daß der Ausbilder genügend Zeit und Geduld investiert. Gleich zu Anfang sollte man einen genauen Tagesplan für das Training aufstellen, damit das junge Pferd weiß, wann es gearbeitet wird und wann es frei hat, um sich auszuruhen. Wenn es nie sicher ist, ob es jetzt herausgeholt wird oder nicht, kann es sein, daß es gespannt und nervös wird, schlecht frißt und sein Futter schlecht verwertet. Die Lektionen sollten also möglichst jeden Tag zur gleichen Zeit stattfinden, dabei sind zwei kürzere besser als eine längere. Jede Lektion wird vorher geplant, und zwar berücksichtigen wir beim Aufbau einer Stunde, ob wir etwas Neues einführen oder ob wir die Arbeit des vorigen Tages vertiefen wollen. Steht eine etwas schwierige, neue Aufgabe auf dem Stundenplan, bei der sich das Pferd möglicherweise aufregen wird, dann sollten wir nicht gerade bei strömendem Regen und glattem beziehungsweise tiefem Boden damit anfangen. Das gleiche gilt, wenn sich das Pferd körperlich nicht wohl fühlt oder wenn es seelisch etwas aus dem Tritt gekommen ist. Wenn wir uns nicht hundertprozentig sicher sind, ob wir etwas Neues einführen sollen oder nicht, dann ist es auf jeden Fall das beste, wir geben noch einen Tag zu und arbeiten das Pferd in der gewohnten Weise.
Die meisten Pferde verfügen über keine besonders große Intelligenz; was sie aber alle haben, ist ein enorm gutes Gedächtnis. Der Ausbilder muß also viel Geduld aufbringen und dem Pferd immer

wieder Schritt für Schritt erklären, was es tun soll. Auf keinen Fall soll er es für einen Ungehorsam strafen, der nur darauf beruht, daß ihn das Tier nicht verstanden hat. Sonst wird es nur verschreckt und verstört, wird womöglich heftig und verliert die Lust am Lernen. Der Ausbilder muß unterscheiden lernen, ob ein Pferd ein Kommando nicht ausführt, weil es momentan durcheinandergeraten ist, oder ob er es mit einem Tier zu tun hat, das sich aus voller Überlegung heraus einer Aufgabe verweigert, die es sehr wohl verstanden hat. In jedem Falle muß der Trainer mit seiner größeren Intelligenz die größere Stärke des Pferdes zu seinen Gunsten ausgleichen. Kraftproben und Machtkämpfe sind nach Möglichkeit zu vermeiden.

Es hat sich oft als hilfreich erwiesen, wenn sich der Trainer die Handflächen mit einem parfümierten Hautöl einreibt. Dies hat den Zweck, den Geruch des Adrenalins zu neutralisieren, des Hormons, das der Körper bei Aufregung ausschüttet und das vom Pferd rasch wahrgenommen und in seiner Bedeutung erkannt wird. Wenn das Pferd mit der Person seines Trainers aber einen angenehm-positiven Geruch verbindet, wird es sehr viel raschere Fortschritte machen. Es wird sich nämlich ein festeres Vertrauensverhältnis zwischen Schüler und Lehrer bilden. Ich habe selbst die Erfahrung gemacht, daß ein spezieller, deutlich wahrnehmbarer Geruch von Pferden als angenehm empfunden wird. Das gilt besonders für männliche Pferde!

Die Grundvoraussetzungen für die Ausbildung sind folgende:
1. Ein geeigneter Platz, um das Pferd anzuspannen und einzufahren;
2. jede Menge Zeit;
3. das gleiche Quantum an Geduld;
4. Einfühlungsvermögen und Verständnis für die Natur des Pferdes beziehungsweise der feste Wille, sich dies so rasch wie möglich anzueignen;
5. eine komplette, strapazierfähige Ausrüstung für die Beschirrung und Anspannung sowie Kappzaum, Longe und Longierpeitsche;
6. ein Einspännerwagen (zweirädrig);
7. eine Hilfsperson, die bei Bedarf zur Verfügung steht.

Ist das Tier mit vollendetem zweitem Lebensjahr gut entwickelt und kräftig, dann kann man es bereits in diesem Alter behutsam für eine gewisse Zeit in die Schule nehmen. Dank seines hervorragenden Gedächtnisses wird das Pferd dann als Dreijähriger, wenn der Unterricht fortgesetzt wird, bereits wissen, worum es geht. Dadurch bekommt es Selbstvertrauen, und wir bekommen ein Pferd, das willig und couragiert an seine Aufgaben herangeht. Außerdem lassen sich auf diese Weise die unerfreulichen Zweikämpfe vermeiden, die entstehen, wenn ein kraftstrotzendes Energiebündel von drei Jahren zum ersten Mal in die Schule genommen wird.

Wir setzen voraus, daß der Zweijährige bereits als Fohlen die nötige Erziehung hatte und sich am Halfter überall hinführen läßt. Dann besteht sein erster Unterricht nun darin, an der Longe auf einem großen Zirkel auf der rechten wie auf der linken Hand zu gehen. Unsere Lernziele sind dabei Gehorsam und Balance. Auch ein Pferd, das für den Fahrsport Verwendung finden soll, wird am besten zuerst eingeritten. Man gewöhnt es in der Grundausbildung daran, einen Reiter zu tragen. Fehler, die beim Fahren auftreten, lassen sich oft unterm Sattel korrigieren, wenn der Reiter das Pferd mit Hilfe des Sitzes und der Schenkel geraderichten oder biegen kann. Viele Freizeit-Pferdesportler haben ein Pferd, das als Jagd-, Gelände- und Vielseitigkeitspferd dient und gleichzeitig auch zum Fahren angespannt wird. Und es gibt keinen Grund, warum sich ein richtig ausgebildetes Tier nicht für alle diese Zwecke gut eignen sollte. Wie wir das Pferd später auch einsetzen wollen, die Grundausbildung ist auf jeden Fall die gleiche.

Während seines Anfangstrainings halten wir das junge Pferd am besten im Stall. Wenn man oft nach ihm schaut und es in seiner neuen Umgebung gut behandelt, wird es für das Pferd leichter sein, ein Vertrauensverhältnis zu seinem Trainer aufzubauen.

Zuerst wird das Pferd an die Trense gewöhnt. Wir verwenden beim Longieren nichts anderes als eine einfache, dicke Wassertrense, eventuell mit Gummimundstück. Um zu vermeiden, daß das Pferd die Zunge übers Gebiß nimmt, kann man das Gebiß zu Anfang ein wenig höher legen. Das ist besser, als gleich mit einem Zungenstrekker- oder Löffelgebiß zu arbeiten.

Auch an einen Gurt muß sich das Pferd gewöhnen – wir nehmen zu Anfang einen Deckengurt –, doch sollten wir daran denken, diesen vorsichtig umzulegen und nicht zu fest zuzuschnallen. Sonst reagiert das Pferd auf diese ungewohnte Einschnürung, den Gurtenzwang, folgendermaßen: Es macht einen runden Buckel, stemmt die Vorderbeine in den Boden und wälzt sich dann auf der Erde, um den unbehaglichen Druck loszuwerden. Hat man einem Pferd auf diese Weise erst einmal Angst einjagt, wird es eine ganze Zeit lang dauern, bis es diese wieder überwunden hat – wenn es das unangenehme Erlebnis überhaupt vergißt.

Mit Trense und Gurt können wir das Pferd etwa eine Stunde in seiner Box stehenlassen. Damit bieten wir ihm Gelegenheit, sich mit seiner neuen Situation vertraut zu machen. Am besten geben wir ihm ein paar Zuckerstückchen. Dann wird es anfangen abzukauen und zu schäumen, das heißt auf dem Gebiß zu kauen und das Mundstück einzuspeicheln. Es ist nicht ratsam, das Pferd in der Box auszubinden, denn das kann nur allzu leicht dazu führen, daß es einen „falschen Knick" bekommt, daß es also im Hals abkippt, statt im Genick. Das wird zur Folge haben, daß es sich später überzäumt und hinter dem Zügel verkriecht. Es ist ein Kardinalfehler, und das gilt nicht nur für jetzt, sondern auch für später, die Kopfstellung mit Gewalt erreichen zu wollen. Das Pferd wird den Kopf ganz von selbst nach vorwärts-abwärts strecken, wenn es erst gelernt hat, die Hinterhand richtig unterzusetzen und dadurch die Vorhand zu entlasten.

Wenn wir das Pferd zur Arbeit herausnehmen, legen wir ihm am besten hinten und vorne Streichkappen beziehungsweise Sehnenschoner und Gummiglocken (Hufkronenschutz) an. Oftmals entstehen Verletzungen durch Streichen mit dem gegenüberliegenden Bein, oder Ballen- und Kronentritte durch Anschlagen, wenn sich das Pferd „auf die Hacken tritt". Deshalb ist es ratsam, das junge Pferd während der ersten Zeit ohne Eisen gehen zu lassen.

Beim Beginn der Longenarbeit lassen wir Trense und Gurt beiseite und legen dem Pferd einen Kappzaum an. Die Longe befestigen wir in den Seitenringen auf dem Nasenbügel. Mit dem Kappzaum haben wir eine bessere Kontrolle über das Pferd als mit einem Halfter, auch vermeiden wir ohne Trense Rucke ins Maul bei unerwarteten Bewegungen, und das Gebiß wird nicht an der Innenseite herausgezogen.

Zu einer wirksamen Longenarbeit gehört außerdem noch eine Longierpeitsche, entweder aus Fiberglas mit Nylon umflochten oder aus Hartrohr. Die Longe hält man jeweils in der inneren Hand. Sie wird niemals um die Finger gewickelt, sonst kann man bei einem Sprung des Pferdes zur Seite mitgeschleift werden. Die Peitsche befindet sich in der äußeren Hand, sie zeigt abwärts.

Wir können uns die Arbeit bei den allerersten Lektionen erleichtern, wenn wir das Pferd zunächst einmal in einer großen Box, die gut eingestreut ist, an die Longe gewöhnen. Wir führen es gegen den Uhrzeigersinn in der Box herum und lassen den Führzügel beziehungsweise die Longe immer ein bißchen länger, bis wir in der Mitte der Box stehen. Die Peitsche zeigt abwärts auf die Hinterhand zu. Auf diese Weise geht das Pferd bereits auf der linken Hand an der Longe, ohne daß es große Aufregung gibt. Man sollte es dabei gewaltig loben, damit es merkt, daß der Trainer genau das von ihm will und mit ihm zufrieden ist. Sobald es genau verstanden hat, daß es im Kreis herumgehen und die Peitsche beachten soll, lassen wir es halten. Wenn es nämlich zu lange linksherum geht, werden wir es schwer haben, es nun auf den umgekehrten Kurs zu schicken.

Auf der rechten Hand schnallen wir die Longe auf der anderen Seite ein; sie wird jetzt von der rechten (als der inneren) Hand geführt, während sich die Peitsche in der Linken befindet. Rechtsherum gehen junge Pferde meistens weniger gern, und der Longenführer hat mehr zu tun. Bedauerlicherweise treten die meisten Leute immer nur von links an ihre Fohlen und Jährlinge heran und führen sie auch ausschließlich links. Kein Wunder, wenn sie dann einseitig werden. Ein Pferd, das man von klein auf gleichmäßig rechts wie links führt, wird sich später ebenso leicht im wie gegen den Uhrzeigersinn longieren lassen. Weigert sich das Pferd, rechtsherum zu gehen, stellt sich der Longenführer in Höhe des Gurts auf und gibt ihm das Kommando zum Vorwärtsgehen, indem er die Peitsche vom Sprunggelenk aufwärts in Richtung Gurt führt. Dabei sollte das Pferd aber nicht getroffen werden. Zur gleichen Zeit wird die Longe angenommen, so daß eine leichte Kopfstellung nach rechts erreicht wird. Tritt das Pferd jetzt an, so wird es nachgeben und im Uhrzeigersinn gehen. Was auch passiert, der Trainer darf niemals die Geduld verlieren. Anderenfalls wird das Pferd in Aufregung geraten und heftig werden. Es verbindet dann Longieren auf der rechten Hand mit Bestrafung und wird jedesmal nervös werden, wenn es rechtsherum gehen soll. Bei unserem ersten Anlernen in der Box werden wir im allgemeinen nur etwa zehn Minuten brauchen, bis das Pferd auf der rechten wie auf der linken Hand ordentlich im Kreis herumgeht.

Nun können wir unseren Schüler auf den Platz führen, auf dem wir longieren wollen. Das Ideale ist eine Halle, doch wenn wir keine zur Verfügung haben, tut es auch ein eingezäuntes Viereck. Haben wir keinen solchen Platz, greifen wir zur Selbsthilfe und richten uns einen Longierring ein, vielleicht in der Ecke eines Feldes oder einer Wiese. Günstig ist es, wenn wir dabei Hecken oder Zäune als Begrenzung nehmen können, so daß unser Platz wenigstens an zwei Seiten geschlossen ist. Stacheldrahtzäune müssen wir freilich meiden wie die Pest. Es passiert nur zu leicht, daß ein scheu gewordenes Pferd mit voller Wucht in einen solchen Zaun hineinläuft. An den beiden offenen Seiten können wir zur Begrenzung Öl- oder Teertonnen aufstellen – mit Fängen dazwischen – und Hindernisstangen darauflegen. Diese Barrikade ist zwar nicht allzu hoch, sie bildet für unseren Schüler aber doch eine Schranke, die ihn zurückhält, selbst wenn er in Aufregung geraten ist. Sie erweist sich auch als nützlich, wenn er gern in Richtung Heimat drängt.

Wir beginnen auf der linken Hand und führen das Pferd auf dem Longierzirkel herum. Dann verlängern wir die Longe allmählich und lassen das Pferd aufs Kommando hin vorwärtsgehen. Dazu wird es nötig sein, daß wir ihm die Peitsche zeigen, die wir in der Rechten halten. Sollte das Pferd daraufhin vorwärtsstürmen, halten wir es nicht gewaltsam auf, sondern lassen die Vorwärtsbewegung heraus. Dazu geben wir die Longe hin, bis wir nur noch eine Schleife in der Hand haben. Diese sollten wir aber unbedingt als eiserne Reserve behalten, damit wir bei einem plötzlichen Ausbrechen des Pferdes von der Zirkellinie noch etwas in der Hand haben. Beim Longieren bilden Longe, Pferd und Peitsche ein Dreieck, und der Longenführer sollte sich auf einer Linie etwas hinter dem Widerrist befinden, so daß er das Pferd vorwärtsschicken kann. Steht er zu weit vorne, wird sein Schüler stehenbleiben und sich zu seinem Lehrmeister umdrehen. Es kann auch sein, daß das Pferd in die Mitte hereinkommt, und das dürfen wir – wir kommen noch einmal darauf zu sprechen – unter keinen Umständen erlauben. Am besten beobachten wir stets Auge und Ohr des Pferdes. Wenn ein Anfänger beim Longieren sagt, er würde ganz schwindlig, so kommt das daher, daß er statt dessen auf die Pferdebeine schaut. Wir sprechen immer zu unserem Pferd und gebrauchen stets die gleichen Kommandoworte im gleichen Tonfall. Pferde lernen mit Hilfe des mechanischen Gedächtnisses durch konstantes Wiederholen.

Es ist völlig verfehlt, Kommandos zu geben, bei denen man vorauszusehen vermag, daß das Pferd sie im Moment nicht befolgen kann oder wird. Damit lehrt man geradezu den Ungehorsam. Wenn wir das Pferd zum ersten Mal auf dem Zirkel vorwärtsschicken, und es stürmt im Galopp davon, dann hat es überhaupt keinen Zweck, ihm das Kommando zum Schritt zu geben. Viel besser ist es, wir sagen in einem besänftigenden Tonfall: „Hoho – ruhig!", bis das Pferd langsamer wird. Sehen wir, daß es jetzt bald in Trab fallen wird, dann sagen wir: „*Te*rrab!". Das Pferd wird jetzt anstandslos gehorchen, denn es war von selbst schon bereit, zum Trab überzugehen. Nach einigen Trabrunden treiben wir es von uns aus wieder in Galopp und geben abermals das Kommando zum Trab, wenn der passende Moment gekommen ist. Falls wir Schwierigkeiten dabei haben, das Pferd vom Trab oder Schritt zum Halten zu bringen, müssen wir die Hecke oder auch den Zaun zu Hilfe nehmen. Wenn es sich auf diese Begrenzung zubewegt, geht der Trainer nach vorn und versperrt den Weg.

Zugleich gibt er das Kommando: „Haalt!". Jetzt ist das Pferd durch die Hecke gezwungen anzuhalten. Nun senkt der Trainer sogleich die Peitsche, geht zum Pferd hin und belohnt es. Danach erhält es auf der gleichen Hand das Kommando: „Komm!". Das kann man so oft wiederholen, bis das Pferd das Wort „Halt" mit Stehenbleiben und einem Zuckerstückchen sowie das Kommando „Komm" mit dem Vorwärtsgehen verbindet. Unter keinen Umständen erlaubt man einem Pferd, das longiert wird, in die Mitte hereinzukommen. Das gilt nicht nur für jetzt, sondern immer. Es muß lernen, auf der Zirkellinie haltzumachen und von sich aus ruhig stehenzubleiben. Damit lernt es gleichzeitig stillzustehen, auch wenn es nicht festgehalten wird. Wenn wir ihm jemals erlauben, in die Mitte zum Longenführer hereinzukommen, wird sich daraus eine üble Angewohn-

heit, ja eine Widersetzlichkeit entwickeln: Wenn das Pferd nicht mehr mag, kommt es einfach in die Mitte.
Schon während der ersten Lektionen sehen wir darauf, daß es rechtsherum ebenso gut geht wie linksherum. Die Methode ist jeweils die gleiche. Wenn wir hierbei jedoch nicht dauernd aufpassen, wird das Pferd möglicherweise stehenbleiben und in die Mitte kommen, oder es wird sogar versuchen, mit ein paar Galoppsprüngen auf die linke Hand auszuweichen. Wenn das passiert, muß es augenblicklich angehalten und wieder auf die rechte Hand gebracht werden. Dort wird es so lang gearbeitet, bis es ruhig geht.
Die erste Unterrichtsstunde wird dem Pferd besonders lange im Gedächtnis bleiben. Daher müssen wir die ganze Zeit über geduldig, aber konsequent sein. Es geht darum, daß das Pferd Zutrauen faßt, aber es muß auch wissen, wer der Boß ist!
Nach dem Unterricht wird das Pferd zurück in die Box gebracht und bekommt das Halfter übergestreift. Die Longe wird im hinteren Ring festgemacht und durch den Anbindering an der Mauer geführt. Dieser Ring sollte sich in einer Höhe von mindestens 1,50 m befinden. Der Trainer hält die Longe fest, während er das Pferd trockenreibt. So lernt es gleichzeitig, angebunden stehenzubleiben. Kriecht es jetzt rückwärts, so läuft die Longe durch den Ring. Durch Anziehen der Longe und einen leichten Klaps von hinten kann man das Pferd wieder zum Vortreten veranlassen. Sehr bald wird es herausfinden, daß das Zerren und Rückwärtskriechen nicht viel einbringt.
Sobald das Pferd einigermaßen gehorsam in allen Gangarten an der Longe geht, und zwar rechts- wie linksherum, legen wir den Gurt an. Macht es nun den Rücken krumm und buckelt, müssen wir es vorwärtstreiben. Es wird sich schon recht bald wieder beruhigen.
Hat es sich an den Gurt gewöhnt, legen wir Sellette und Schweifriemen auf. Die Schweifmetze muß sehr weich und groß genug sein, damit sie bequem sitzt. Ein praktischer Tip: Man näht einen Streifen Lammfell um die Schweifmetze herum, damit sie nicht scheuert. Wir lassen das Pferd erst einmal mit dem Schweifriemen in der Box stehen, damit es sich an das neue Gefühl gewöhnt. Gleichzeitig können wir einen dünnen Strick so befestigen, daß er vom Gebißring auf der einen Seite durch die Leinenaugen der Sellette zum Gebiß-

ring der anderen Seite geht. Er sollte gerade nur so fest sein, daß das Pferd den Kopf nicht bis zum Boden herunternehmen kann. Wenn es mit normaler Kopfstellung dasteht, sollte es keinerlei Verbindung spüren. Der Sinn dieser Maßnahme besteht darin, daß das Pferd lernt, im Unterkiefer beziehungsweise in den Ganaschen nachzugeben, wenn es beim Herunternehmen des Kopfes den Widerstand spürt. Das Seil ist aber nicht so straff gespannt, daß sich das Pferd darauflegen und eine überzäumte Haltung einnehmen kann.

Es wird wie bisher auf dem Zirkel gearbeitet, aber nun trägt das Pferd Sellette, Schweifriemen, Trense mit Mundstück, Kappzaum und Ausbindezügel, die nicht zu fest geschnallt werden.

Die meisten Pferde wehren sich mit aller Kraft gegen den Schweifriemen. Sie klemmen ihren Schweif ein und versuchen, das unerwünschte Ding durch Schlagen loszuwerden. Das ist eine ganz natürliche Reaktion, und dafür sollten wir unseren Schüler nicht bestrafen. Wir müssen ihn aber auf Biegen und Brechen zum Vorwärtsgehen bringen, damit er weiß, daß er mit seinen Tricks nicht durchkommt. Jetzt erweist es sich als hilfreich, daß wir das Pferd an Gehorsam gewöhnt haben, bevor es mit solch unangenehmen Dingen wie zum Beispiel dem Schweifriemen zu tun bekam.

In diesem Stadium ist es von besonderer Wichtigkeit, daß das Pferd lernt, in allen drei Gangarten ruhig zu gehen. Manchmal sind Pferde wunderbar ruhig im Schritt und im Trab, aber im Galopp stürmen sie. Wenn das bei unserem Pferd der Fall ist, tun wir gut daran, es jetzt abzustellen. Dazu muß vor allem eine Verbesserung der Balance angestrebt werden. Andernfalls haben wir später das Nachsehen, wenn das Pferd einmal angespannt ist und aus irgendeinem Grunde in seinen unkontrollierbaren Galopp verfällt.

Sobald sich das Pferd mit dem Schweifriemen ausgesöhnt hat, wird das Hintergeschirr angelegt, und Trageriemen, kleiner Bauchgurt und Trageösen kommen auf der Sellette hinzu. Die Scherenriemen, die das Hintergeschirr mit den Scheren verbinden sollen, können derweil mit einem Riemchen an den Trageösen befestigt werden, damit das Hintergeschirr nicht nach oben und über den Rücken fliegt, wenn das Pferd einmal zu keilen beginnt. Es wird jetzt in allen Gangarten auf der rechten wie auf der linken Hand gearbeitet, bis ihm das Hintergeschirr nichts mehr ausmacht.

Jetzt kommt das Kumt mit Strangstutzen und Strängen an die Reihe. Die Stränge werden durch die Trageösen gezogen und in Schleifen zusammengelegt. Der Scherenriemen wird mit den Enden zusammengeschnallt. Der Umgang kann straff angezogen werden, damit sich das Pferd an den Druck des Hintergeschirrs auf die Hinterhand gewöhnt. Wenn es mit der einen Schulter vorgeht, spannt sich vom Kumt aus der Strang, und dieser wieder wirkt auf den Umgang am Hintergeschirr. Zwei Reserveriemen werden durch die Leinenaugen der Sellette gezogen und in den Leinenaugen des Kumts verschnallt, damit das Kumt nicht auf den Hals rutscht, falls das Pferd den Kopf herunternimmt. Ein junges Pferd hat unbedingt etwas dagegen, wenn ihm plötzlich das Kumt auf die Ohren saust!

Die Arbeit an der Longe geht weiter wie bisher; das Pferd sollte jetzt ruhig und gehorsam in allen Gangarten gehen und sich an sein Geschirr gewöhnt haben. Nun werden wir auch mehr Zeit finden, uns auf reine, taktmäßige Gänge zu konzentrieren. Das Pferd soll einen schwungvollen Trab und einen fleißigen Schritt gehen und im Halten geradegerichtet auf allen vier Beinen stehen. Das ist unser Ziel, und dabei sollten wir keine Anstrengung scheuen.

Wird das Pferd auch eingeritten, halten wir am besten die „Fahrstunden" morgens und die „Reitstunden" nachmittags ab.

Sobald das Pferd an den Gurt gewöhnt ist, können wir ihm auch den Sattel auflegen. Wir longieren es mit Sattel, Trense und Kappzaum. Die Steigbügel schieben wir beim Longieren hoch, beim Führen zum Platz beziehungsweise zum Stall können wir sie ruhig einmal herabhängen lassen. Dann sollten sie aber so geschnallt sein, daß sie nicht gegen die Ellbogen schlagen.

Wenn das Pferd ohne Widerstreben den Sattel trägt und ruhig geht, ist es soweit, daß es geritten werden kann. Wir starten unseren ersten Versuch am besten in einer geräumigen Box, wo wir keine niedrigen Balken, Krippen und Heuraufen in allernächster Nähe haben. Diese Umgebung ermöglicht es uns, im Alleingang zu arbeiten. Ganz im Vertrauen: Es ist sogar besser, wenn wir niemanden dabei haben, denn oft ist die Hilfsperson nervöser als der Reiter, und der Geruch des Adrenalins wird augenblicklich vom Pferd wahrgenommen. Wir sorgen dafür, daß die Box tief eingestreut ist, und legen etwa 1 m von einer Wand entfernt einen Strohballen hin. Nun füh-

ren wir unseren Zögling herein, gesattelt und aufgetrenst, doch ohne Steigbügel. Er darf sich erst einmal umsehen, während wir die Türe schließen (auch die obere Hälfte bei einer geteilten Tür). Dann stellen wir das Pferd zwischen dem Strohballen und der Wand auf, mit dem Gesicht zur anderen Wand. Nun erklettern wir den Strohballen (nicht vergessen: die ganze Zeit beruhigend auf unser Opfer einreden!), fassen einen Mähnenbüschel mit der Linken, in der wir auch die Zügel halten. Mit der Rechten tätscheln wir das Pferd und tasten uns gleichzeitig an den Sattel heran. Wenn der günstige Moment gekommen ist, schwingen wir uns hoch – ganz leicht und ruhig – und legen uns quer über den Sattel. Dabei klopfen wir das Pferd mit der rechten Hand auf der rechten Seite. Nach ein paar Sekunden lassen wir uns wieder herabgleiten, und anschließend wird eine gewaltige Lob- und Leckerbissenorgie veranstaltet.
Die ganze Prozedur wird mehrmals wiederholt, jeden Nachmittag fünf Minuten lang, bis sich das Pferd entspannt. Wenn es sich nicht mehr steif macht, kann der Trainer das rechte Bein über den Sattel heben, ohne dabei an die Hinterhand zu kommen. Er bleibt aber noch in geduckter Haltung. Eine hochaufragende Gestalt hinter dem Kopf versetzt einem jungen Pferd einen panikartigen Schrekken. Man sagt, dies erinnere es an seine Frühzeit, an Raubtiere, die von Bäumen und Felsen herab den Pferden auf den Widerrist sprangen. Nach und nach kann sich der Reiter aufrichten und dem Pferd mit der Stimme das Kommando zum Antreten geben. Ein Zweijähriger ist oft etwas fassungslos bei der Aussicht, nun auf einmal mit einem Gewicht auf dem Buckel herumzumarschieren. Doch wenn wir ihn mit dem öffnenden (richtungweisenden) Zügel ein wenig einladen, wird er schon folgen. Wir stellen die innere Hand etwas seitwärts vom Hals und leiten damit eine Wendung ein. Die äußere Hand wird dabei leicht an den Hals gelehnt. Es genügt völlig, wenn das Pferd nun mit dem Reiter rechts- wie linksherum in der Box auf- und abmarschiert.
Das alles kann in knappen drei Wochen erreicht werden, doch wird dieser Zeitraum bei jedem Pferd verschieden sein. Jedenfalls haben wir hiermit – für einen kräftigen Zwei- oder einen normal entwickelten Dreijährigen – das Lernziel erreicht.

Zweite Stufe der Grundausbildung: Das Einfahren

Nachdem das junge Pferd seinen Grundkurs absolviert hat, sollte man es noch eine Saison auf die Weide schicken, um voll auszuwachsen. Sehr nützlich für seine Erziehung wird es sein, wenn es von der Weide aus Menschen und Verkehr beobachten kann. Es wird sich dann nicht völlig abgeschnitten fühlen von einer Welt voller Leben und neuer Eindrücke, die es gerade kennengelernt hat.
Am Ende der Weidesaison holen wir unser Pferd wieder herein. Am ersten Tag seines neuen Schuljahres longieren wir es nur mit Kappzaum, um es wieder an den Unterricht zu gewöhnen. Es werden noch keine Aufgaben gestellt. Das Pferd wird sich nach und nach an alles erinnern, was es im vergangenen Jahr gelernt hat, und wenn unser Unterricht gut war, wird es sich nun recht gehorsam zeigen. Natürlich ist es größer und kräftiger geworden, und der Trainer wird daher froh sein, daß die ersten Grundlagen für Vertrauen und Respekt bereits gelegt worden sind, als das Pferd noch nicht so voller Kraft und Energie war.
Nun wird es an die Einspännerleine gewöhnt. Sellette, Schweifriemen, Trense und Kappzaum werden angelegt, ganz wie zuvor, die Longe wird im Kappzaum eingeklinkt und die Leinen am Gebiß

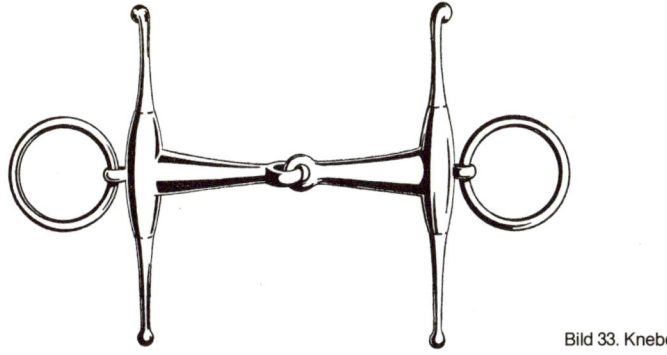

Bild 33. Knebeltrense

eingeschnallt. Statt des bisherigen Mundstücks wählen wir nun am besten eine Knebeltrense mit einfachem, einmal gebrochenem Gebiß (siehe Bild 33). Die seitlichen Balken verhindern, daß das Gebiß aus dem Maul herausgezogen wird. Außerdem ist das runde Gebiß recht weich. Diese Wirkung können wir, falls nötig, noch steigern, indem wir ein Stückchen Fahrradschlauch um das Gebiß nähen.
Geht das Pferd auf der linken Hand auf dem Zirkel, führt die linke Leine direkt vom Gebiß in die linke Hand. Diese hält gleichzeitig noch die am Kappzaum befestigte Longe. Die rechte Leine geht vom Gebiß hinter den Leinenaugen der Sellette zur rechten Hand hinüber. Diese faßt sie zusammen mit der Peitsche. Die Leinenenden sollen nicht zusammengeschnallt werden; es kann sonst leicht passieren, daß man hineintritt und umgerissen wird. Das Pferd wird nun auf dem Zirkel gearbeitet und mit Longe und Kappzaum unter Kontrolle gehalten. Hat es sich an die über seinen Rücken gehende Leine gewöhnt, können wir es auf dem Hof und auf der Koppel herumführen. Der Trainer geht hinter und neben dem Pferd und hält leichten Kontakt zum Pferdemaul. Sehr oft wird man feststellen, daß das Gewicht der Leinen schon eine ausreichende Verbindung schafft. Ist das Pferd dabei ruhig und läßt sich nach beiden Seiten wenden, können Kappzaum und Longe abgenommen werden. Wir ziehen die Leinen jedoch noch nicht durch die Leinenaugen der Sellette. Wenn man dies zu früh macht, bringen es noch ungenügend geschulte Pferde nämlich fertig, sich in die Leinen hineinzuwickeln und zu verschnüren wie ein Postpaket, und der Trainer steht dann machtlos vis-à-vis. Auch läßt sich ein Pferd viel schlechter an einer Leine aufhalten, die von der Hand weg noch durch einen Ring geht, da auf diese Weise keine direkte Wirkung ausgeübt werden kann.
Wir arbeiten das Pferd jetzt weiter in allen Gangarten und versuchen den Handwechsel. Das sollten wir freilich erst dann im Trab tun, wenn das Pferd gelernt hat, ruhig im Schritt zu wechseln. Soll das Pferd von der linken Hand auf die rechte wechseln, geht der Trainer nach links in Höhe der linken Hüfte des Pferdes. Wenn nun mit der rechten Leine nachgegeben und die linke angenommen wird, geht das Pferd durch die Bahn nach links. Wenn es den Mittelpunkt erreicht, hält sich der Trainer hinter ihm. Er muß nun in flottem Tempo nach rechts marschieren und dabei die Leinen über den

Foto 1: Skeleton Gig

Foto 2: Mail Phaeton

Foto 3: Das junge Pferd lernt, eine Last zu ziehen, und gewöhnt sich an Geräusche hinter sich.

Foto 4: Pony-Gespann mit einem Phaeton

Rücken des Pferdes herübernehmen. Mit der linken Leine wird nachgegeben, die rechte wird angenommen. Dabei hat der Trainer darauf zu achten, daß er sich in diesem Moment genau auf gleicher Höhe mit der rechten Hüfte des Pferdes befindet. Die meisten Anfänger machen den Fehler, zu sehr am inneren Zügel zu ziehen, anstatt mit dem äußeren nachzugeben, und zu weit vorne am Pferd zu stehen, wenn der Wechsel beendet wird. Die Folge: Das Pferd bleibt stehen und dreht sich mit dem Kopf zum Trainer. Dabei verwickelt es sich gleichzeitig in die Leinen. Der Handwechsel wird so lange im Schritt ausgeführt, bis das Pferd geschmeidig und flüssig die Hand wechselt und keinerlei Notiz mehr von den über seinen Rücken gehenden Leinen nimmt. Erst dann können wir es im Trab versuchen, und zwar in einem ruhigen, gut ausbalancierten und gleichmäßig bleibenden Gangmaß. Dieses sollte während der gesamten Übung erhalten bleiben. Das Pferd wird recht bald lernen abzuwenden, wenn es einen leichten Druck an der einen Gebißseite spürt.

Jetzt sind wir soweit, daß wir die Leinen durch die Leinenaugen der Sellette ziehen können. Die innere Leine gibt die Biegung und Stellung, die äußere kontrolliert das Tempo. Wer in der Leinenarbeit Erfolge verzeichnen will, muß eine gefühlvolle Hand haben, denn ein Trainer mit einer harten Hand, der das Pferd gar noch im Maul reißt, wird nur zu bald das Ergebnis vor sich sehen: ein Pferd, das hart oder tot im Maul ist oder sich hinter den Zügel verkriecht.

Lösende Übungen sollten jetzt täglich auf dem Stundenplan stehen: Wendungen im Gange, Schlangenlinien, Achten, große und kleine Zirkel. Dazu muß das Pferd lernen, in einem kadenzierten Trab sein Gangmaß zu verlängern und zu verkürzen. Auf keinen Fall sollte man mit Hilfe der Leinen versuchen, ihm den Kopf herunterzuziehen. Die richtige Kopfstellung wird ganz allmählich von selbst kommen, wenn das Pferd gelernt hat, mehr Gewicht mit der Hinterhand aufzunehmen und dadurch die Vorhand zu entlasten. Je besser bemuskelt und durchtrainiert das Pferd wird, je mehr es sich ausbalancieren kann, desto mehr wird sich auch die Kopfstellung verbessern. Es ist grundverkehrt, mit scharfen Gebissen und Hilfszügeln den Kopf „herunterzuriegeln". Das führt nur dazu, daß das Pferd den Rücken durchhängen läßt, die Hinterhand nachschleift und kurze Tritte macht.

Geht das Pferd sicher an den Leinen auf der Koppel, können wir mit ihm auch Ausflüge wagen, bei denen es lernt, den Überraschungen und Schrecknissen der großen weiten Welt standzuhalten. Wenn es vertrauensvoll und ruhig im Verkehr geht, können wir es in die nächste Klasse aufrücken lassen.
Die normale Trense wird jetzt durch ein Kopfgestell mit Scheuklappen ersetzt. Dazu verwenden wir weiterhin ein Trensenmundstück. Neigt das Pferd dazu, das Maul aufzusperren und die Kiefer hin- und herzuschieben, kann man noch einen schmalen Riemen anbringen, der unterhalb des Nasenbeins aufliegt. Der normale Nasenriemen muß aber bleiben, denn er verhindert, daß sich das Backenstück abhebt, wenn Druck aufs Gebiß ausgeübt wird. Scheuklappen sind für Pferde zunächst etwas ungeheuer Befremdliches, daher empfiehlt es sich, sie damit an der Longe vertraut zu machen. Wenn unser Zögling Scheuklappen trägt, kann er uns nicht mehr sehen, er hat nur unserer Stimme zu gehorchen. Jetzt wird unsere bisherige Erziehung Früchte tragen, die das Pferd sowohl Vertrauen als auch Gehorsam gelehrt hat. Die Peitsche lassen wir nun ganz beiseite. Wenn das Pferd fühlt oder hört, daß eine Peitsche von irgendwoher heransaust – es kann ja nicht feststellen, woher –, dann werden wir bald ein Nervenbündel vor uns haben. Und damit ist der Erfolg wochenlangen Trainings in ein paar Sekunden verspielt. Ganz wichtig ist es, daß wir dauernd mit dem Pferd sprechen und selber daran denken, daß es Scheuklappen trägt: So dürfen wir es nicht in irgend etwas hineinrennen lassen, das es sehen und vermeiden könnte, wenn es einen Reitzaum trüge. Auf der linken Hand wird die Longe in den rechten Trensenring eingeschnallt, über das Kopfstück geführt, von wo aus sie durch den linken Trensenring in die Hand geht. Wir lassen das Pferd erst einmal ruhig im Kreis gehen, damit es sich daran gewöhnt, daß es nun durch die Scheuklappen nichts mehr sehen kann. Auf der rechten Hand muß die Longe selbstverständlich auf der anderen Seite befestigt werden; sie wird in umgekehrter Richtung geführt und eingeklinkt.
Sobald das Pferd wieder seinen Rhythmus gefunden hat und flüssig und vertrauensvoll vorwärtsgeht, können wir die Leinen in das Kopfgestell einschnallen. Sie gehen durch die Leinenaugen am Kumt und an der Sellette in die Hand. Die Longe bleibt noch für

den Notfall. Geht das Pferd auf der linken Hand, wird die Longe in der Linken gehalten, Leinen und Peitsche befinden sich in der Rechten, und man nimmt ganz allmählich durch die Leinen Verbindung auf.

Ist das Pferd ruhig und gelöst, kann man die Longe abnehmen und die Lektionen, die man vorher mit Trense und Reithalfter geübt hat, nun mit Kopfgestell und Scheuklappen wiederholen.

Im Anschluß daran sollte das Pferd soweit sein, daß es eine Last ziehen kann. An diese neue Aufgabe muß unser Schüler aber ganz langsam herangeführt werden. Als erstes ziehen wir die Stränge durch die Trageösen und den Scherenriemen des Umgangs, und dann befestigen wir an jedem Strang ein Tau von etwa 2,50 m Länge, das am Ende in einer Schlinge ausläuft. Diese Schlingen befestigen wir dann an einem Ortscheit, das wir uns von einem Gehilfen halten lassen. Die Stränge müssen dabei durchhängen. Nun wird wieder die Longe zu Hilfe genommen und im Kopfgestell eingeklinkt. Der Trainer arbeitet mit Longe und Leinen. Er läßt das Pferd antreten, und wenn es in freiem Schritt vorwärtsgeht, kann sich der Gehilfe ganz leicht und allmählich mit dem Ortscheit zurücklehnen. Das muß aber zu Anfang ganz vorsichtig erfolgen, bis sich das Pferd daran gewöhnt, daß jetzt das Kumt in Aktion tritt. Wenn es begriffen hat, daß es sich in das Kumt hineinlegen muß, können wir an den Strängen vermehrt gegenhalten. Wir können das Pferd auch mit ins Freie nehmen und auf abgelegenen Feldwegen mit ihm üben, wobei entweder der Gehilfe oder der Trainer am Ortscheit dagegenhält.

Hat sich das Pferd ganz friedlich damit abgefunden, eine Last zu ziehen, muß es an Geräusche hinter sich gewöhnt werden. Haben wir weiterhin eine Hilfsperson zur Verfügung, so kann diese ein Ortscheit mit rasselnden Ketten hinter sich herziehen, während der Trainer die Leinen führt (siehe Foto 3). Sind wir aber ganz auf uns gestellt, so können wir unseren Schüler an Leinen und Longe herausnehmen und selber die Geräuscheffekte erzielen, etwa mit einer klirrenden Kette in der Hand. Gerät das Pferd in Schrecken, lassen wir es halten und beruhigen es. Die Arbeit wird erst fortgesetzt, wenn es wieder völlig ruhig ist. Wir müssen dabei geduldig und langsam vorgehen.

Nun kann unser Schüler wieder eine neue Lektion lernen: Wir hängen einen leichten Holzklotz oder Balken an die Stränge (von etwa 10 cm Durchmesser), den das Pferd auf einer Wiese oder auf grasbewachsenen Wegen zu ziehen hat. Die Stränge müssen dazu natürlich so lang sein, daß die Last dem Pferd nicht auf die Hacken rutscht. Der Boden sollte möglichst eben sein, damit die Schleppe nicht von einer Bodenunebenheit zu stark gebremst wird und dann einen heftigen Ruck am Kumt auslöst. Das würde unseren Schüler in Schrecken versetzen und womöglich zum Scheuen bringen. Es ist ein grober Fehler, ein Pferd, und gar noch ein Blutpferd, eine zu schwere Last ziehen zu lassen. Es hat Mühe, die Last überhaupt erst einmal in Bewegung zu bringen, und dann hängt sie ständig wie mit Eisengewichten an ihm. Kein Wunder, wenn es dann in Panik gerät. Am Ende unserer Bemühungen haben wir ein Pferd, das „geigt", das beim Anziehen ständig vor- und zurückspringt. Hat sich ein Pferd diese Untugend erst einmal angewöhnt, dann ist es schwer dazu zu bringen, selbst bei einem kinderleichten Wägelchen auf korrekte Art anzuziehen, nämlich sich weich ins Geschirr zu lehnen und in ruhigem, nicht übereiltem Schritt anzutreten.

Unser Schüler ist nun soweit, daß wir ihn an das Gefühl gewöhnen können, zwischen zwei Einspännergabeln zu gehen. Zu diesem Zweck nehmen wir zwei dünne, ca. 2,50 m lange Holzstangen oder Bambusstöcke, wie wir sie im Garten zum Anbinden verwenden, die durch den Scherenriemen am Hintergeschirr gehen und mit Bindfaden innen an den Trageösen befestigt werden. Hat sich das Pferd auch hieran gewöhnt und läßt es sich mit diesen Ersatz-Scherbäumen an den Leinen führen und bewegen, kann man sich zwei etwa zweieinhalb bis drei Zentimeter dicke Äste beziehungsweise Schößlinge von einem Strauch schneiden, die nun die Scheren darstellen sollen. Sie müssen so lang sein, daß die Enden auf dem Boden schleifen. Man muß darauf achten, daß sie vorne weit genug über die Trageösen hinausstehen und bis zu den Kumtbügeln gehen. Sind sie zu kurz, können die Enden leicht unters Kumt geraten, und das wird dem Pferd einen ziemlichen Schrecken einjagen.

Sind alle diese kleinen Lektionen ruhig und zufriedenstellend absolviert worden, dürfte es eigentlich keine Schwierigkeiten geben, wenn das Pferd zum ersten Mal vor ein Fahrzeug gespannt wird. Ich

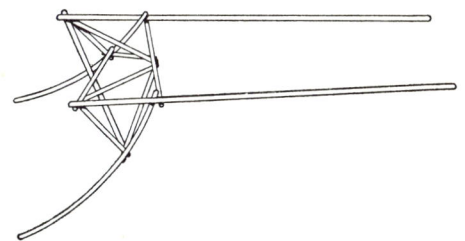

Bild 34. Räderlose Karre

selbst benutze hierfür einen räderlosen Break (Einfahrwagen, siehe Bild 34), der wie ein Mittelding zwischen den Fahrzeugen der alten Briten und einem Schlitten aussieht. Gebaut wird ein solches Fahrzeug aus weichem, noch grünem Holz (Ulmenschößlinge eignen sich gut, die etwa 2,5 bis 7,5 cm Durchmesser haben), die Stangen werden zusammengenagelt und dann noch mit Stricken gesichert. Mit einem solchen Vehikel können wir das Pferd auf unserem Übungsgelände an der Longe im Kreis gehen lassen; unsere kunstreiche Erfindung wird zwar ein wenig schlittern, aber niemals umkippen. Der Nachteil bei der Sache ist, daß das Ding nur vor- und nicht zurückgeht. Bei einem normalen Fahrzeug dreht sich bei einer scharfen Wendung ein Rad vorwärts und eines rückwärts, dadurch wird die Prozedur leichter für das Pferd. Die räderlose Karre ist schwerer zu wenden, und die Gabeln müssen mit mehr Kraftaufwand herumgedrückt werden. Ich glaube jedoch, daß die Vorteile diese Nachteile aufwiegen.

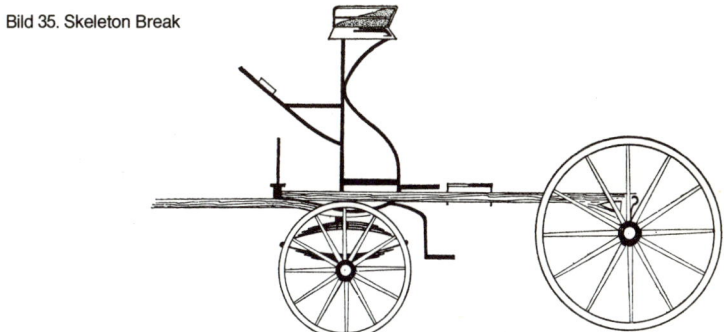

Bild 35. Skeleton Break

Im allgemeinen wird freilich zum Einfahren ein Break mit besonders langen Gabeln verwendet. Früher, als es noch eine große Anzahl von Pferden gab, die eingefahren werden mußten, ging alles viel schneller: Man hatte keine Zeit für eine solch lange Vorbereitungs- und Trainingsperiode, wie sie heutzutage üblich ist. Man spannte das junge Pferd kurzerhand neben ein zuverlässiges, älteres Zugpferd an einen Skeleton Break (siehe Bild 35). Da wurde es mit Gewalt vor- und zurückgezerrt, und sein Schulmeister und Kompagnon schleifte es so lange die Straße entlang, bis es gelernt hatte, was sein neuer Beruf von ihm verlangte.

Es ist auch heute noch vielerorts üblich, das junge Pferd im Zweispänner einzufahren. So beschreiben zum Beispiel alle deutschen Fahrlehren einschließlich der „Richtlinien für Reiten und Fahren" das Einfahren neben einem älteren, erfahrenen Pferd, dem Schulmeister. Nun ist aber zu bedenken, daß alle diese Vorschriften aus einer Zeit stammen, in der Gespanne, vor allem in der Landwirtschaft und beim Militär, noch die Regel waren. Der heutige Freizeitfahrer wird vielleicht keine zwei Pferde besitzen und auch nur selten das Glück haben, mit einem anderen Fahrer zusammenarbeiten zu können, der ihm ein geeignetes Pferd als Lehrmeister zur Verfügung stellt. Beim Reiten ist diese Möglichkeit eher gegeben, daher haben wir auch dort darauf Bezug genommen (siehe S. 93). Hier stellen wir eine Methode vor, wie sie der Fahrer im Einmann- und Einpferdebetrieb anwenden kann.

Bevor wir das Pferd an die räderlose Karre spannen, empfiehlt es sich in weiser Voraussicht, das Pferd fix und fertig aufgeschirrt an den Leinen auf dem Zirkel zu arbeiten, bis es gelöst geht und schon ein wenig müde geworden ist. Für unseren ersten Start sollten wir uns auch günstige Wetterbedingungen aussuchen. Bei Sturm und Wolkenbruch vertagen wir natürlich unser Vorhaben, bis die Sonne scheint und der Boden wieder angetrocknet ist. Wir wollen den großen Auftritt sorgfältig vorbereiten und auch unsere lieben Mitmenschen in unseren Plan einweihen. Sonst kann es uns passieren, daß gerade irgendwer mit einem knatternden Motorrad um die Ecke gedonnert kommt, wenn unser Schüler angespannt werden soll.

Ein nicht fertig ausgebildetes Pferd sollte man übrigens nie ohne

einen Helfer anspannen. Ein Innenhof, ringsum geschlossen, ist das ideale Gelände. Man stellt die Karre etwa 2,50 bis 3 m entfernt vor einer Mauer auf. Dann kann das Pferd hereingebracht werden. Es ist bereits fertig aufgeschirrt, aber ohne Hintergeschirr; rechts und links am Gebiß ist ein Longenzügel eingeschnallt. Wir lassen es so lange die seltsame Konstruktion beschnuppern, bis es damit vertraut und völlig ruhig erscheint. Dann führen wir es vor das Fahrzeug, so daß es mit dem Kopf zur Wand steht. Der Trainer steht links vom Pferd und hält es mit dem linken Longenzügel fest. Die rechte Hand ist frei, um die Schere durch die Trageöse zu führen. Das gleiche tut der Helfer auf der anderen Seite, der das Pferd am rechten Zügel hält und das Fahrzeug geräuschlos ans Pferd herangeschoben hat. Die Stränge sind rasch befestigt, wenn wir eine Schnur mit Sicherheitsknoten verwenden. Der Trainer hält das Pferd solange fest, und anschließend wird der Bauchgurt zugemacht. Hintergeschirr brauchen wir nicht, das ist nur noch ein Ding mehr, das man im Notfall aufmachen muß.
Der oberste Grundsatz für unser Unternehmen muß lauten: Jeder Handgriff beim Anspannen muß vorher geplant sein, damit alles rasch und reibungslos vonstatten gehen kann. Nur so können wir sicherstellen, daß unser Schüler nicht durch ein unüberlegtes Hantieren scheu wird. Wenn wir das Pferd mit dem Kopf zur Mauer aufstellen, bedeutet das zwar einen Vorteil beim Anspannen, es macht aber gleichzeitig das Anfahren schwieriger, denn das Pferd muß zugleich abwenden. Um es bei diesem Manöver – linksherum – zu unterstützen, zieht der Trainer auf das Kommando zum Anfahren hin mit der rechten Hand die linke Gabel zu sich her und führt das Pferd gleichzeitig nach links. Der Helfer drückt derweil die rechte Gabel herum. Das Pferd wird dann in einem Kreisbogen auf die linke Hand geführt, während die Gabeln von Trainer und Helfer in die richtige Position gebracht werden. Während der ganzen Unternehmung spricht der Trainer beruhigend auf das Pferd ein, und wenn es aufgeregt wird, muß sofort eine Pause eingelegt werden, in der das Pferd Zeit erhält, sich wieder zu beruhigen. Erst dann darf man weitermachen. Wenn es der Platz zuläßt, sollte man das Ganze dann auch rechtsherum versuchen. Nach einigen Minuten, in denen das Pferd ruhig im Kreis herumgegangen ist, läßt man es halten, wobei

es wieder mit dem Kopf zur Wand steht. Genauso sorgfältig gehen wir nun vor, wenn wir wieder abspannen. Das wird wohl am besten gehen, wenn der Trainer das Pferd hält, während der Helfer Bauchgurt und Stränge löst und die Karre zurückschiebt, weit genug von der Hinterhand des Pferdes entfernt. Diese Lektion sollten wir ein- oder zweimal am Tag wiederholen, bis das Pferd zeigt, daß ihm die Sache völlig vertraut ist. Man kann dann mit ihm hinausgehen auf einen Feld- oder Wiesenweg, mit Karre und Leine und – als zusätzliche Sicherung – mit Longe.

Jetzt rückt unser Schüler wieder eine Klasse auf: Er wird vor einen richtigen Wagen gespannt. Das sollte aber auf alle Fälle ein zweirädriges Fahrzeug sein. Dieses wird sich bei einer unvermuteten Kehrtwendung des Pferdes mitherumdrehen, während ein vierrädriges in der gleichen Situation auf zwei Rädern zu kippen beginnt und leicht umstürzen kann. Die gleichen Vorsichtsmaßnahmen wie vorher bei der räderlosen Karre werden auch jetzt angewandt, wenn das Pferd an ein Fahrzeug mit Rädern angespannt wird. Nur brauchen wir jetzt ein Hintergeschirr und am besten auch einen Schlagriemen. Dazu kann uns auch ein Strangträger dienen, den wir nach dem Anspannen auf der rechten Gabel in der hinteren Krampe befestigen, hinter der Hüfte des Pferdes hinauf durch den Durchlaß am Ende des Schweifriemens führen und auf der linken Seite in der entsprechenden Öse an der linken Gabel befestigen. Dieser Schlagriemen soll, daher der Name, das Ausschlagen verhindern. Dazu dürfen wir ihn aber nicht zu fest anziehen, sonst erreichen wir den entgegengesetzten Effekt, wenn das Pferd zu galoppieren beginnt. Wir stellen es wieder genauso auf und führen es herum, wie bei der räderlosen Karre. Auch haben Trainer wie Helfer einen Longenzügel in der Hand. Sicherlich wird das Pferd die neue Situation reichlich seltsam finden. Da rollt nun etwas hinter ihm, anstatt zu schleifen, und auch die Vibration und das entsprechende Geräusch fehlen. Aber trotz dieser neuen Eindrücke wird das Pferd nach ein paar Runden rechts- und linksherum auf dem Hof vermutlich schon soweit sein, daß es hinaus auf die Straße kann. Ist das der Fall, kann der Helfer den rechten Longenzügel abnehmen und den linken fassen, während der Trainer mit den Leinen links in Höhe der Sellette neben ihm hergeht. Zeigt das Pferd, daß es völlig ruhig ist, dürfte

der Moment gekommen sein, da der Trainer das Fahrzeug besteigen kann. Das tut er am besten, während der Wagen rollt. Das Pferd soll ja das Anziehen aus dem Halten heraus erst noch lernen. Da wird es bei einem beladenen Wagen durch die ungewohnte Last leicht dazu verleitet, sich das „Geigen" – oder das Stehenbleiben – anzugewöhnen. Der Helfer kann allmählich immer weiter zurückgehen und so aus dem Gesichtskreis des Pferdes verschwinden. Wenn das Pferd weiterhin ruhig geht, kann er den Longenzügel ausklinken.
Sobald wir dieses Stadium erreicht haben, sollten wir mit dem Pferd täglich eine kleine Ausfahrt machen. Dazu wählen wir ruhige, ebene Straßen. Bevor es nicht hundertprozentig sicher ist, longieren wir es täglich vor dem Anspannen. Wir müssen schließlich soweit kommen, daß das junge Pferd während und nach dem Anspannen ruhig stehenbleibt, ohne daß es von jemand festgehalten wird. Jede Neigung zu „Seitensprüngen" muß jetzt vom Trainer ruhig und konsequent unterbunden werden. Dabei besteht freilich keinerlei Notwendigkeit, das Pferd zu schlagen oder es im Maul zu reißen. Es kommt recht oft vor, daß ein junges Pferd, das gerade eben noch „verrückt gespielt hat", plötzlich völlig ruhig dasteht und ein friedlich-ergebenes Schnauben hören läßt. Dann sollte man das Tier augenblicklich klopfen und belohnen. Das wird sich ihm bald einprägen, und es wird dann stehenbleiben und auf seinen Leckerbissen warten.
Während dieser Zeit der Grundausbildung ist es sehr wichtig, daß wir das Pferd nicht überfordern, indem wir unsere Fahrten zu weit ausdehnen oder es zu schwer ziehen lassen. Muskelschmerzen in Hals und Schultern sind sonst die Folge.
Bei unseren Ausfahrten gehen wir die ersten und die letzten 500 m grundsätzlich im Schritt, damit sich das Pferd nicht angewöhnt, vom Stall weg oder zum Stall hin zu drängen. Die Arbeit in unebenem Gelände muß ganz allmählich eingeführt werden. Abschüssige Straßen und Bergabfahrten sind zu meiden, bis das Pferd gelernt hat, wie es mit dem Hintergeschirr den Wagen aufhalten kann. Das üben wir in leicht welligem Gelände sowie durch häufige Übergänge in ein langsameres Tempo beziehungsweise in die nächstniedere Gangart. Es kann ein alptraumartiges Erlebnis für ein junges Pferd sein, wenn der Wagen den Berg hinunter das Pferd durch Auflaufen er-

schreckt; es hat das Gefühl, der Wagen sitzt ihm auf den Hacken, und es kann ihm nicht entkommen. Dadurch kann es so sehr in Panik geraten, daß es ein für allemal fürs Fahren verdorben ist. Auch steiles Bergauffahren hat seine Tücken: Wenn das Pferd merkt, daß es den Wagen nicht hinaufbringt, ohne daß es Schulterschmerzen bekommt, wird es bald schon scheu werden, wenn man nur mit dem Kumt erscheint. Erst wenn die Muskelpartien im Hals- und Schulterbereich genügend entwickelt sind, kann man mit Bergaufstrecken beginnen. Die Anforderungen werden dabei ganz allmählich gesteigert.

Wir sollten jede Gelegenheit benutzen, um das Pferd mit anderen zusammen zu fahren. Ein anderes Gespann genügt für den Anfang, um unserem Pferd zu zeigen, was es dabei zu sehen und zu hören gibt. Zuerst setzen wir uns dahinter, so daß unser Pferd das fremde Gefährt sehen kann. Dann übernehmen wir die Spitze, und schließlich fahren wir nebeneinander her. Das kommt als letztes, denn das Geräusch eines Fahrzeugs, das es nicht sehen kann, aus allernächster Nähe zu hören, ist ein neues Schreckinis für unser junges Pferd. Wir sollten es in aller Ruhe in seiner vertrauten Umgebung daran gewöhnen und auf gar keinen Fall so lange warten, bis wir einmal auf einem Turnier sind. Da gibt es Aufregendes genug zu erleben.

Das Rückwärtsrichten ist eine Lektion für Fortgeschrittene. Wenn wir zu früh damit beginnen, wird sich das Pferd das Rückwärtseilen als eine Form der Widersetzlichkeit angewöhnen. Wir können dem Pferd das Rückwärtsrichten ganz leicht beibringen, indem wir uns mit dem Gesicht zum Pferd vor dieses stellen. Eine Hand faßt an den Nasenrücken, die andere an die Brust, und auf das Kommando „Zurück!" schiebt man mit beiden Händen. Bewegt sich das Pferd nicht, kann ihm der Trainer mit der Stiefelspitze an den Huf tippen. Sobald es einen Tritt rückwärts gemacht hat, wird es belohnt und wieder angeführt. Das Ganze wird wiederholt, bis wir bei drei oder vier Tritten angelangt sind. Das Pferd wird jedesmal wieder angeführt und erst dann belohnt. Sehr schnell wird es daraufhin auch lernen zurückzutreten, wenn es fühlt, daß die Leinen angenommen werden und es das Kommando hört.

Ist das Pferd bereits völlig sicher im Anspann, genügt es, wenn es dreimal pro Woche gefahren wird. An den übrigen Tagen lassen wir es mit Kopfgestell ohne Scheuklappen und mit Sellette an Longe und Fahrleinen gehen. Dabei wollen wir die Gänge verbessern und allmählich die korrekte Kopfstellung erreichen. Der Vorteil dieser Arbeit besteht darin, daß wir die Tritte des Pferdes genau beobachten und sehen können, wie es den Kopf hält. Beides läßt sich vom Fahrzeug aus nicht so genau verfolgen. Dabei sollte das Tier aber nicht überanstrengt werden: Wir wollen ein energisch vorwärtsgehendes, ruhiges und aufmerksames Pferd haben.

Wurde das Pferd während seiner Grundausbildung eingeritten und soll es auch in Zukunft zum Reiten benutzt werden, dann empfiehlt es sich, daß parallel zum Fahrtraining, wie wir es beschrieben haben, auch die Ausbildung unterm Sattel weitergeht.

Wenn wir das Pferd zum ersten Mal ohne Longe draußen reiten wollen, sollten wir es vorher ablongieren, und zwar mit Sattel, Trense und Kappzaum. Dann erst sitzen wir in der Box auf und reiten ein paar Runden. Bevor das Pferd nicht in allen Gangarten ausreichend geschult ist, sollten wir es möglichst nicht in weites, offenes Gelände hinausnehmen. Wenn wir keine Halle haben, ist ein Platz auf einer Koppel oder einer eingezäunten, grasbewachsenen Fläche das Ideale, andernfalls halten wir uns an unseren zuvor beschriebenen Longierplatz. Sobald das Pferd einigermaßen sicher unterm Sattel ist, sollten wir mit ihm ruhige, nicht zu anstrengende Ritte ins Gelände machen. Dabei lassen wir uns von einem anderen Reiter mit einem verkehrssicheren, zuverlässigen Pferd begleiten, das unserem Neuling als Lehrmeister dienen kann.

Auf dem Lehrplan unseres Schülers stehen also abwechselnd Fahren, Reiten und Longieren; durch die unterschiedlichen Anforderungen dieser Fächer werden Interesse und Lerneifer stets wachgehalten werden. Auf diese Weise werden wir ein munteres und zufriedenes Pferd bekommen.

Die Vorbereitung aufs Turnier

Unser Pferd ist inzwischen vier Jahre alt, und wir können daran denken, es zum ersten Mal in einer Fahrkonkurrenz auf einem Turnier vorzustellen. Es sollte jetzt so ruhig sein, daß es allein und in Gesellschaft mit anderen Gespannen im Einspänner gefahren werden kann und sich vernünftig im Verkehr verhält. Wir sollten auch das Verladen in einen Pferdetransporter oder Anhänger üben, bis dieses ohne Aufregung vonstatten geht. Am besten machen wir ein paar kürzere Touren, damit sich das Pferd mit dem Reisen vertraut macht. Wenn wir uns angewöhnt haben, in Hörweite des Stalles das Radio anzustellen, werden auch die Musik und die Stimmen aus dem Lautsprecher kein Grund zur Panik sein.

Wenn man sich als Hobbyfahrer mit dem Gedanken trägt, aufs Turnier zu gehen, muß man sich darüber klar sein, was man da alles aufzubieten hat, und das ist nicht wenig: ein gut eingefahrenes Pferd, einen passenden, ordnungsgemäß ausgestatteten Wagen, ebensolches Geschirr und stilreine Anspannung, Vorder- und Rückleuchten, Peitsche, Bockdecke – und die Klärung der Frage: Wie transportiere ich das alles zum Turnier? Wenn wir unser Gespann tadellos in Ordnung haben und schließlich an unserem Bestimmungsort angelangt sind, haben wir sozusagen bereits die erste Prüfung hinter uns.

Vom Training des Pferdes abgesehen bildet der Wagen das größte Problem. Die Grundvoraussetzung ist: Der Wagen muß zum Typ des Pferdes passen. Ein robustes, kleineres Pferd sieht gut aus vor einem sportlichen Wagen wie einer Dogcart. Es wäre verkehrt, ein stämmiges, kurzbeiniges Pferd vor einen Park Phaëton zu spannen, denn vor ein solch elegantes Fahrzeug gehört ein leichterer Pferdetyp. Für Ponys braucht man selbstverständlich kleinere Wagen. Bei einem großen Wagen ist der Zugwinkel zu groß; er sollte $10-12°$ nicht übersteigen, sonst drückt das Kumt gegen die Luftröhre und behindert die Atmung.

Wenn wir uns zum Turnierfahren einen passenden Wagen zulegen wollen, so denken wir daran, daß es laut LPO ein vierrädriger sein muß; zweirädrige sind nur fürs Tandemfahren gestattet. Auf jeden Fall werden wir es mit dem Erwerb nicht ganz leicht haben. Die Zeiten sind vorüber, da man eine neue Kutsche beim Stellmacher am Ort in Auftrag geben und sicher sein konnte, daß auch alle Sonderwünsche bis aufs i-Tüpfelchen ausgeführt wurden. Auch der „Gebrauchtwagenmarkt" floriert bei Kutschen heutzutage nicht mehr. In manchen Scheunen und Remisen mag noch das eine oder andere Fahrzeug einen Dornröschenschlaf halten und bei der Versteigerung eines aufgelassenen Hofes ans Licht kommen, doch spielen solche Gelegenheiten zahlenmäßig keine Rolle; es gibt weitaus mehr Interessenten als Angebote. Ein wenig ergiebiger ist da schon der Anzeigenmarkt in den Wochenendausgaben der Tageszeitungen beziehungsweise in den Pferdesport- und Landwirtschaftsblättern.
Haben wir nun ein solches Vehikel aus dem hintersten Winkel einer Scheune hervorgezogen, dann sollten wir eine überaus sorgfältige Prüfung veranstalten, bevor wir uns zum Kauf entschließen. Die wichtigste Frage muß lauten: Paßt unser Pferd an dieses Fahrzeug? Man sollte die Gabeln in normaler Höhe hochhalten und den Abstand bis zum Boden messen. Vorher haben wir zu Hause unser Pferd angeschirrt hingestellt und die Entfernung der Trageösen vom Boden gemessen (ins mittlere Loch des Trageriemens eingeschnallt). Länge und Abstand der Gabeln voneinander sollten ebenfalls gemessen werden. Es gibt Fahrzeuge, bei denen man die Gabeln verstellen kann, und zwar in der Höhe, der Länge und dem Abstand beider voneinander. Auf diese Weise können sie für verschiedene Pferde passend eingestellt werden. Auch Trageösenhalter erlauben oft drei verschiedene Einstellungen. Der Kasten des Fahrzeugs kann bisweilen um etwa 10 cm höher oder niedriger gestellt werden, indem man zwischen Achse und Federn Holzklötze unterlegt beziehungsweise wegnimmt. Man sollte bei der Überprüfung auch darauf achten, daß die Räder noch gleichmäßig sind. Manchmal ist eines immer zu fest angezogen gewesen, was zu ungleichmäßiger Abnutzung geführt hat. Das erkennt man am besten, wenn man sich hinter den Wagen stellt. Bei Speichen und Felgen sollte man nachsehen, ob etwas locker oder angebrochen ist, alle hölzernen Teile müssen

auf Holzwurm überprüft werden. Sehr häufig kommt es vor, daß der untere Teil des Rades, der jahrelang am gleichen Fleck auf der Erde stand, im Lauf der Zeit feucht wurde und faulte. Lockere Speichen und beschädigte Felgen können uns eine teure Rechnung beim Stellmacher bescheren. Was den Holzwurm angeht, so ist das nicht so schlimm, vorausgesetzt der Schaden hält sich in Grenzen. Man kann ihn wirksam und radikal mit einem entsprechenden Mittel gegen Holzwurm bekämpfen. Handelt es sich um ein luftbereiftes Fahrzeug (im Einspänner sind solche Wagen auf Turnieren gestattet), so sollte man sich bei den Rädern den Mantel ansehen. Ist er ziemlich abgefahren, sind die Schläuche sicherlich auch ruiniert. Dann muß beides erneuert werden, und es ist die Frage, ob und woher wir Ersatz bekommen. Auf jeden Fall verursacht es erhebliche Kosten.

Schließlich sollte untersucht werden, ob der Wagenkasten morsche Stellen, Schäden durch Holzwurm oder Risse und Sprünge aufweist. Wenn wir unseren Wagen nicht gerade von einem Turnierfahrer übernommen haben, werden wir ihn von Grund auf überholen müssen, bevor wir damit auf einem Turnier erscheinen. Das Niveau im Turniersport hat auch in den Fahrkonkurrenzen in den letzten zehn Jahren eine solche Höhe erreicht, daß wir uns mit einem nicht sorgfältig herausgebrachten Fahrzeug schon von vornherein Minuspunkte einhandeln.

Als Fahrsport-Neuling sollte man um solche Wagen einen großen Bogen machen, die zwar frisch, aber nicht sachgemäß lackiert sind. Eine dicke Farbschicht und eine – nicht einmal passende – Absetzung sollen vielleicht vor dem unerfahrenen Auge nur eine Vielzahl von Mängeln verbergen. Glaserkitt oder Fiberglasmasse lassen sich zum Beispiel verwenden, um vorübergehend morsche Stellen an Speichen und Radnabe zu verkleistern und dort etwas vorzutäuschen, wo unter der Oberfläche nichts mehr ist. Es ist weitaus sicherer, ein ganz und gar vernachlässigtes, reparaturbedürftiges Fahrzeug zu kaufen und es selbst wieder aufzumöbeln, als eines zu nehmen, das nur noch von Farbe und Kitt zusammengehalten wird.

Wenn der Wagen nachweislich von einem Fachmann repariert wurde, können wir ziemlich sicher sein, daß er in Ordnung ist. Der Inhaber eines Handwerksbetriebes wird wohl kaum seine Ehre darein setzen, in stundenlanger Arbeit ein ruiniertes Vehikel mit Farbe zu überpinseln.

Turnieranspann

Geschirre für Fahrwettbewerbe sehen am schönsten aus, wenn sie aus schwarzem Leder und messingplattiert oder silberbeschlagen sind. Zu einem Wagen mit Messingbeschlägen gehört ein ebensolches, passendes Geschirr. Bei Scheuklappen, Kumt, Kammdeckel oder Sellette sollte die Oberseite aus Lackleder sein. Auf farbige Schmuckteile sollte man verzichten, diese sind Geschäftsgespannen vorbehalten. Die übrigen Teile des Geschirrs sind aus schwarzem Leder. Das Kumt kann entweder mit schwarzem oder mit braunem Leder eingefaßt sein. Stränge, Trageriemen, kleiner Bauchgurt und die Strupfen an Bauchgurt, Trageriemen und Hintergeschirr sind aus doubliertem Leder, das einfach oder doppelt genäht ist. Bei billigerem Geschirr sieht man oft eine Reihe von genähten Stichen, die doubliertes, doppelt genähtes Leder vortäuschen sollen. In Wirklichkeit sind diese Stiche nur von einer Maschine daraufgesetzt. Wenn wir genau hinschauen, werden wir den Schwindel aber schon entdecken. Die Schnallen am Geschirr sollten überall die gleiche Form haben. Wir können uns ein wenig von anderen abheben, wenn wir ein Schmuckzeichen oder ein Monogramm auf den Scheuklappen, der Rosette, dem Sprungriemen sowie beiderseits auf der Sellette (beziehungsweise dem Kammdeckel) unterhalb des Leinenauges anbringen. Dies sollte freilich unauffällig und unaufdringlich sein. Zu schwarzem Geschirr hat man im allgemeinen dunkelgegerbte Leinen. Schwarze würden auf Handschuhen und Bockdecke Farbflecken hinterlassen, die nicht mehr herausgehen.
Ist das Fahrzeug vom Typ her ein Landwagen aus hellackiertem Naturholz, dann paßt braunes Geschirr am besten.

Lampen und weiteres Zubehör

Jeder Wagen muß mit zwei Lampen mit Kerzen sowie zwei Rückstrahlern ausgerüstet sein. Die Metallbeschläge an den Lampen müssen im Stil zu den Beschlägen am Geschirr und am Wagen pas-

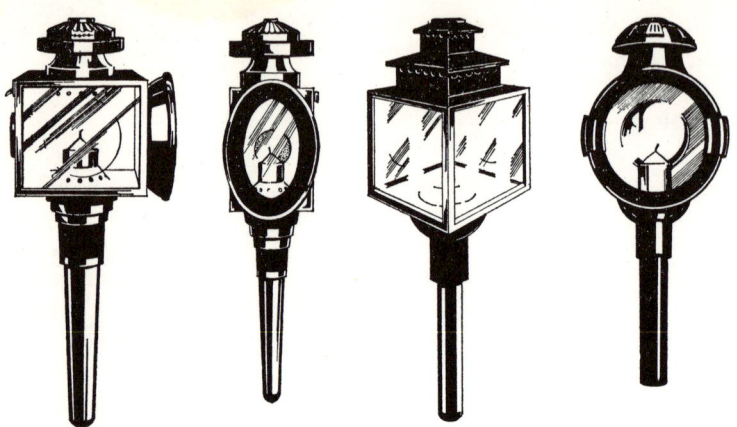

Bild 36 – 39 (von links nach rechts):
Viereckige, vorn ovale Lampe von der Seite. Die gleiche Lampe von vorn. Viereckige Lampe. Rückleuchte

sen, also sollte man zu Messingbeschlägen auch Lampen mit Messingeinfassung verwenden. Die Lampen selbst sollten eine schlichte und zweckmäßige Form haben; ausladender Zierat ist für einen Amateurfahrer völlig unpassend. Viereckige und vorne ovale oder ganz viereckige Lampen sind brauchbar (siehe Bild 36 – 38). Eine kleinere Rückleuchte kann zusätzlich zu den Rückstrahlern noch angebracht sein (siehe Bild 39). Fürs Turnier stecken wir neue Kerzen in die Lampen, zünden sie einmal kurz an und blasen sie gleich wieder aus. Das hat den Vorteil, daß wir sie auch bei Dunkelheit und Wind mit nur je einem Streichholz anstecken können: Eine Kerze, die bereits brannte, läßt sich schneller entzünden. Daß man keine Blumen in die Lampen steckt, braucht wohl nicht erst erwähnt zu werden. Früher, noch zu Zeiten der Postkutsche, hielt man es auch bei Privatgespannen so, daß man grundsätzlich vor 15 Uhr keine Lampen anzündete. Wurden sie am Tage mitgeführt, drehte man sie so, daß das Glas nach innen zeigte. Auf diese Weise war das Glas dann, wenn man die Beleuchtung brauchte, nicht schmutzbespritzt und blind. Heutzutage bleiben beim Turnierfahren die Lam-

Foto 5: Fahren mit dem Schlitten

Foto 6: Ralli Cart

Foto 7: Ein Hackney-Tandem vor einem Gig

Foto 8: Eine Cocking Cart („Hahnwagen")

Bild 41 d). Er hatte in der Form Ähnlichkeit mit dem Vordergestell einer Park Coach oder Postkutsche; hinten befand sich meistens ein Tritt für den Groom. Die Scherbäume waren gerade und gingen entweder unter den Kutschkasten oder neben ihm entlang.
Vor die Cocking Cart spannte man gewöhnlich ein Tandem (siehe Foto 6). Der Wagenkasten hatte Jalousienschlitze an jeder Seite, damit die Kampfhähne, die darin zu ihren Schaukämpfen transportiert wurden, auch Luft bekamen.
Das beliebteste Einspännerfahrzeug war – und ist bis heute – die Gig. Gigs gab es in allen möglichen Variationen. Alle waren jedoch zweirädrig und boten dem Fahrer und einem Beifahrer Platz. Eine Ausnahme machten die Gigs, mit denen der Arzt über Land kutschierte. Für diesen Zweck gab es spezielle Einsitzer. Einen weiteren Sonderfall stellten die Sulkys dar, die am Ende des 18. Jahrhunderts für Trabrennen entwickelt wurden. Sie hatten hohe Räder, gerade Scherbäume und einen hohen Sitz mit nur einem Platz, der auf einem leichten Metallrahmen aufruhte. Daraus entwickelten sich die modernen gummibereiften Sulkys, die man heutzutage fürs Trabfahren auf der Rennbahn verwendet.
Ein Modell führte den bezeichnenden Namen Selbstmörder-Gig. Das bezog sich darauf, daß der Tritt für den Groom noch 90 cm höher war als der bereits halsbrecherisch hohe Fahrersitz!
Die Gigs entwickelten sich von einfachen Anfängen allmählich zu äußerst ansprechenden und beliebten Fahrzeugen. Schließlich wetteiferten die besten Fachleute überall, um besonders verkehrstüchtige und gutgefederte Modelle herzustellen. Eine besondere, dreifache Federung hatte die Dennett-Gig, bestehend aus zwei Langfedern und einer Querfeder (siehe Bild 43). Die beiden elegantesten Fahrzeugtypen um 1800 waren die Stanhope und die Tilbury Gig, beide

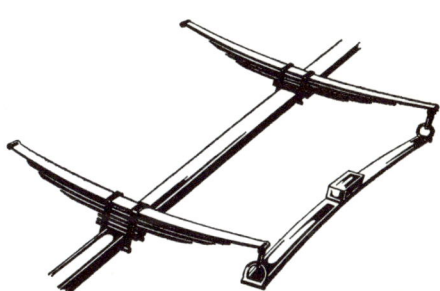

Bild 43. Dennett-Federung

pen in ihrer richtigen Position, auch wenn es noch hell oder der Boden schlammig ist. Damit das Licht besser reflektiert wird, sind die Innenseiten der Lampen oft mit einer Silber- oder Kupferlegierung überzogen.
Die Peitsche muß in ihrer Ausführung zum Gespann passen. Eine Viererzugpeitsche für ein Ponygespann wäre zum mindesten lästig.
Die Bockdecke sollte zu den Farben des Wagens und des Ausschlags, das heißt der Polsterung, passen. An einer beigen Decke sieht man weniger den Schmutz und die Pferdehaare als bei einer dunklen, auf der Schimmelhaare sehr unschön aussehen. Grelle Farben sollte man auf jeden Fall vermeiden.

Der Anzug des Fahrers

Ganz entscheidend zum Gesamtbild gehört auch der Anzug des Fahrers; er sollte zugleich stilgerecht und praktisch sein. Die LPO schreibt als Anzug vor: In Prüfungen der Kategorie A – Kumtanspannung – trägt der Fahrer schwarzen Rock, schwarzen runden Hut oder Zylinder oder grauen Anzug mit schwarzem Hut oder grauem Zylinder. In den Kategorien B und C (die uns hauptsächlich angehen werden) kann auch normaler Reitanzug mit schwarzer Jagdkappe getragen werden. Diese Kleidung empfiehlt sich auch für Damen, die selbstverständlich nicht in Spitzenblusen oder hochhackigen Schuhen erscheinen. Auch breitkrempige Hüte sollte man lieber im Schrank lassen. Gummisohlen an den Stiefeln verhindern, daß beim Auf- und Absitzen der Lack des Fahrzeugs beschädigt wird. In Kategorie A sind auch Handschuhe vorgeschrieben, die man aber immer tragen sollte. Das beste ist, man nimmt sie eine Nummer größer, damit sie bequemer sitzen. Besonders geeignet für Handschuhe ist ein mitteldickes, weiches und schmiegsames Leder ohne Futter. Ein Tip: Man nehme sich für Regen noch ein Reservepaar aus Wolle oder Garn mit, die man unter dem Fahrkissen versteckt. Zur eisernen Reserve gehören auch ein paar dünne Riemchen und ein scharfes Federmesser, um im Notfall etwas reparieren zu können. Vom Ölkännchen – Kranzschmieren! – braucht man hoffentlich nicht erst zu reden! Fahren wir im Zweispänner, sollte auch der Beifahrer entsprechend gekleidet sein.

Der Transport

Ein Gespann zu transportieren ist oft ein Problem für sich. Am einfachsten ist es natürlich, wenn man einen Transporter hat, mit dem man Pferd und Wagen ohne große Mühe verladen kann. Sonst fährt man im allgemeinen mit zwei Fahrern, der eine mit Auto und Tieflader beziehungsweise Lastwagen und der andere mit Auto und Pferdeanhänger. Dabei entstehen unnötigerweise doppelte Kosten, und es ist sicher auch nicht immer möglich, eine hilfreiche Seele zu finden, die eine Kutsche huckepack nimmt. Ich selbst habe für diesen Fall folgendes System entwickelt, bei dem nur ein Fahrer benötigt wird: Die Kutsche wird auf einen Kombi-Transporter mit offener Ladefläche gestellt. Man kann ein solches Auto, für das man keinen LKW-Führerschein benötigt, leicht für diesen Zweck herrichten und hängt dann den Anhänger mit dem Pferd kurzerhand hintendran. Eine ganz simple, selbstfabrizierte Seilwinde ist zwischen Fahrer- und Beifahrersitz befestigt, mit der man einen Flaschenzug betätigt. Mit dessen Hilfe wird das Fahrzeug auf zwei schmalen Schienen auf den Lastwagen gehievt. Diese Laderampe wird nach Gebrauch hochgezogen und rechts und links an der Wand des Transportgefährts festgeschraubt. Die Kutsche wird an ihrem Platz durch hölzerne Bremsklötze gesichert, die man in Höhe der Hinterräder des Lastwagens arretiert. Die Gabeln ruhen auf dem Führerhaus auf und ragen bis zur Motorhaube. Das Fahrzeug selbst wird von der Seilwinde gehalten, Gabeln und Räder sind mit Stricken festgebunden.

Die Teilnahme am Turnier

Der erste „öffentliche Auftritt" auf einem Turnier wird im Gedächtnis unseres jungen Pferdes einen unauslöschlichen Eindruck hinterlassen. Es ist also sehr wichtig, daß es dabei keine unangenehmen Erfahrungen macht, durch die es in Panik gerät. Daher müssen wir uns das Turnier, auf dem wir unser Pferd das erstemal vorstellen wollen, sorgfältig aussuchen. Am geeignetsten ist ein Turniergelände, auf dem ein passender Übungsplatz sowie ein weiter, ebener Prüfungsplatz zur Verfügung stehen. Das ist günstiger, als wenn die Wettbewerbe auf engem Raum stattfinden und der Prüfungsplatz eingezwängt am Rande eines Hügels liegt. Dann geht es ans Studium der einzelnen Ausschreibungen.

Prüfungen für Wagenpferde

Die LPO enthält für Einspänner, Zwei-, Vier- und Mehrspänner folgende Prüfungen:
1. Gebrauchsprüfungen
2. Dressurprüfungen und Gespannkontrollen
3. Hindernisfahren
4. Rallye- und Streckenfahren
5. Gelände- und Streckenfahren
6. Vielseitigkeitsprüfungen:
   a) Dressurprüfung mit Gespannkontrolle
   b) Gelände- und Streckenfahren
   c) Hindernisfahren
7. Kombinierte Prüfungen, die gesondert ausgeschrieben werden, zum Beispiel Springprüfung und Hindernisfahren.

Wenn man ein junges Pferd erst einmal an den Turnierbetrieb gewöhnen will, empfiehlt sich der Start in einer Gebrauchsprüfung. Dieser Wettbewerb ist folgendermaßen unterteilt:

Kategorie C als Gebrauchsprüfung Klasse A
Kategorie B als Gebrauchsprüfung Klasse L
Kategorie A als Gebrauchsprüfung Klasse M
Wir wählen die Klasse A in der Kategorie C. Für Leistungsprüfungen der Kategorie C ist kein Reiter- oder Fahrerausweis nötig, auch muß das Pferd nicht als Turnierpferd eingetragen sein. Die Mitgliedschaft in einem Reit- und Fahrverein ist in Kategorie C nur bei Qualifikationswettbewerben erforderlich.
In der Gebrauchsprüfung werden beurteilt: der Gebrauchstrab, der Schritt, die Ausbildung, der Gesamteindruck des Gespanns einschließlich Herausbringen von Pferd und Wagen. Eine solche Prüfung, die wir auf dem Platz absolvieren, ist zu Anfang besser als ein Streckenfahren. Die 10 km auf der Straße mit Pferden hinter, neben und vor sich können sich ziemlich turbulent gestalten und unseren Turnierneuling ganz schön aufregen. Und wenn er dann nervös wird oder gar durchdreht, werden wir unsere Last haben, ihn wieder zur Ruhe zu bringen. Hat das Pferd erst einmal einige Starts auf dem Platz hinter sich gebracht, ohne daß sein Nervenkostüm Schaden erlitt, können wir es auch einmal in einer Streckenfahrt starten lassen. Dann ist die Gefahr nicht so groß, daß es sich übermäßig aufregt. Es gibt Pferde, die als alte Turnierhasen schon während ihrer Runden auf dem Platz die Ohren spitzen und die Strecke draußen unter die Hufe nehmen möchten. Sie sind dann ganz offensichtlich enttäuscht, wenn sie „nur" die Prüfung auf dem Platz absolvieren sollen und dann wieder zum Verladewagen zurückgebracht werden, anstatt hinaus auf die Strecke gehen zu dürfen.
Die Ausschreibung einer Streckenfahrt enthält genaue Angaben über die Streckenlänge und das Tempo (gewöhnlich 6 – 12 km, Tempo bis zu 200 m/Min.). Auch kann eine Schnelltrabstrecke (1000 – 1500 m) eingelegt werden. Auf den Trabstrecken ist eine Geschwindigkeit von 15 km/h zu fahren, das ist ein durchaus angenehmes Tempo.
Sobald die Nennung abgegeben worden ist, sollte die ernsthafte Vorbereitung beginnen. Jetzt muß das junge Pferd täglich gefahren werden. Normalerweise bewegen wir es im Arbeitsgeschirr und vor einem Trainingsgefährt, doch nun sollten wir einige Male in voller Turniergala fahren, um sicherzustellen, daß das Pferd ruhig darin

geht und alles richtig paßt. Das Kumt muß häufig getragen sein, damit es dann auf dem Turnier nicht etwa drückt und scheuert. Ein neu angefertigtes muß auf jeden Fall durch längeres Tragen in

Bild 40. Richterzettel einer Gebrauchsprüfung für Wagenpferde

§ 703
Richterkarte: Gebrauchsprüfungen für Wagenpferde

Veranstaltungsort: _____ Tag: _____ Nr. d. Prfg.

Placierung	C: geteilt durch 4) = Wertnote (in Kat. geteilt durch 5	Summe der Teilnoten	Gesamteindruck des Gespannes einschl. Herausbringen von Pferd u. Wagen	Summe	Ausbildung (Durchlässigkeit, Stellung, Gehorsam, Rückwärtsrichten)	Starker Trab (Takt, Raumgriff) (nur in Kat: B u. A)	Schritt (Takt, Raumgriff, Fleiß)	Trab (Takt, Raumgriff)	Programm-Nr.	**Wertnoten:** 10 = ausgezeichnet, 9 = sehr gut, 8 = gut, 7 = ziemlich gut, 6 = befriedigend, 5 = genügend, 4 = mangelhaft, 3 = ziemlich schlecht, 2 = schlecht, 1 = sehr schlecht, 0 = nicht ausgeführt.

Unterschriften: _____

Form gebracht und angepaßt werden, damit es bequem auf der Schulter aufliegt.

Wer sich ohne Helfer, ganz auf sich gestellt, auf ein Turnier vorbereitet, tut sich leichter, wenn er alles Nötige auf vier Tage verteilt. Das Frisieren und Scheren der Pferde wird je nach Pferdetyp vorgenommen. Klein- und Robustpferde können mit unverzogenem Langhaar gehen, während für Pferde, die vielleicht sogar noch in Reitpferdeprüfungen starten, eine frisierte Mähne und ein sorgfältig verlesener und gerade angeschnittener Schweif vorteilhaft sind.

Über das Herrichten des Wagens, das am dritten Tag vorzunehmen ist, sprechen wir ausführlich im übernächsten Kapitel.

Die Pflege des Geschirrs nimmt den zweiten Tag in Anspruch. Es soll auf dem Turnier glänzend und geschmeidig aussehen. Da kommen wir nicht darum herum, es bei der gründlichen Reinigung ganz und gar auseinanderzunehmen. Ein vollständiges Geschirr hat bis zu 36 Einzelteile! Die Außenteile werden mit einem feuchten, in lauwarmes Wasser getauchten Lappen abgewischt. Auf keinen Fall sollte man Leder mit Wasser durchtränken. Zuviel Nässe entzieht dem Leder das Fett, es trocknet aus und wird spröde und rissig. Die Innenteile müssen gut mit Sattelseife eingerieben werden. Die Außenteile wichst man dann mit schwarzer Schuhcreme, ausgenommen Lackleder, für das es spezielle Reinigungsmittel gibt. Die Metallteile werden mit Politur behandelt, wobei darauf zu achten ist, daß nichts davon aufs Leder kommt. Es gibt einen Lederschutz, aus einer dünnen Metallplatte mit einem ovalen Loch bestehend, den man über die Metallschnalle o. ä. ziehen kann, damit die Umgebung während der Reinigung nichts aus der Sprühflasche abbekommt. Nachdem die Schuhcreme genügend eingezogen ist, wird das Leder abgerieben, bis es glänzt, und dann poliert man noch einmal mit einem weichen Tuch darüber. Das Lackleder wird ebenfalls abgerieben, und zum Schluß kommen die Metallteile an die Reihe.

Nun wird das Geschirr wieder zusammengeschnallt und in weiche Tücher eingeschlagen in die Transportkiste gepackt. Diese sollte an einem trockenen Platz stehen, so daß das Metall nicht anläuft. Wir sollten das Geschirr nicht in Säcke oder ähnliches verpacken, denn rauhes Gewebe hinterläßt auf dem empfindlichen Lackleder Eindrücke, wenn das Gewicht der Geschirrteile daraufdrückt.

Geschirr hängt man normalerweise an Haken in einem trockenen Raum auf. Wenn es schmutzig und vernachlässigt in einer Ecke liegt, wird es oft von Motten und Holzwurm befallen. Mottenlarven fressen die Nähte und das Leder selbst, und der Holzwurm tut sich gerne an Kumt, Schweifmetze und Sattelkissen gütlich. Räumt man das Geschirr für den Winter weg, muß man es auseinanderschnallen, gründlich einfetten und in möglichst viele Einzelteile zerlegt aufhängen. Die Schnallen bleiben offen, denn die Metalldorne drücken sich ein und beschädigen das Leder. Lackleder wird natürlich nicht eingefettet. Über das Geschirr hängen wir am besten ein leichtes Tuch, damit es vor Staub geschützt ist. Das Ideale ist natürlich ein Schrank mit Glasscheiben, aber ein solcher Luxus ist heutzutage selten geworden. Auch die Lampen werden gereinigt und in Tücher gewickelt in eine Transportkiste gepackt.
Falls das Pferd einen neuen Beschlag braucht, so sollte man es mindestens zwei, drei Tage vor dem Turnier zum Schmied bringen. Dann kann es sich an den neuen Beschlag gewöhnen, und ein etwaiges Spannungsgefühl kann wieder abklingen. Besonders schwere Eisen sind für das Turnierfahren nicht erforderlich. Ein normaler Beschlag wie für ein Geländepferd ist durchaus genügend. Es gibt verschiedene Gleitschutzhufeisen; einige haben umgebogene Schenkel und einen verbreiterten Steg; sie mögen für manche Pferde von Vorteil sein. In jedem Fall empfehlenswert sind Eisen, in die man Mordax- oder Widak-Stollen einschrauben kann. Mit einem solchen Beschlag kann das Pferd sowohl geritten wie auch gefahren werden.
Zwei Tage vor dem Turnier sollte man auch den Fütterungsplan auf die bevorstehenden Anforderungen einstellen. Natürlich soll das Pferd körperlich fit und in bester Wettkampfkondition sein, doch muß diese Kondition in zwei Jahren allmählich aufgebaut worden sein. Ist das nicht geschehen, so nützt es gar nichts, wenn wir das Pferd die letzten zwei Tage mit Hafer vollpumpen. Wir sollten ganz im Gegenteil die Proteinzufuhr in den letzten 48 Stunden vor der Prüfung etwas drosseln. Auch ein lammfrommes Tier gerät in Erregung, wenn es zum ersten Mal den vielen neuen Eindrücken bei einem Turnier ausgesetzt ist. Eine Überfütterung mit Hafer hilft da nicht, ganz im Gegenteil. Wenn das Pferd dazu neigt, nervös und heftig zu werden, empfiehlt es sich, am Tag vor der Prüfung die Ha-

ferration drastisch zu kürzen und statt dessen Möhren und Äpfel und eine tüchtige Portion Heu zu geben. Wenn wir die Hartfutterration erst am Morgen des Turniers kürzen, wird sich dies nicht in der gewünschten Weise auswirken. Denn der Auftritt findet schon ein paar Stunden später statt, und vorher ist das Pferd tagelang mit Hafer vollgefüllt worden.

Am Morgen vor dem Prüfungstag nehmen wir das Pferd heraus und machen die übliche Trainingsfahrt mit ihm. Wir bleiben mindestens zwei Stunden draußen. Am Nachmittag waschen wir dem Pferd Mähne und Schweif und die Beine, falls es „weiße Socken" hat. Dazu nehmen wir warmes Wasser und ein alkalifreies Schampun. Einen Schimmel können wir bei warmem Wetter ganz abwaschen, wir müssen aber aufpassen, daß er richtig trocken wird. Zum Schluß legen wir wollene Stallbandagen an, die wir über Wattestreifen wickeln, so daß das Bein warm und sauber bleibt. Diese Bandagen können über Nacht dranbleiben und dienen dann am nächsten Morgen als Transportgamaschen. Nach dem Waschen sollte man das Pferd sofort etwas ablongieren, um die Blutzirkulation anzuregen. Bei kühlem oder windigem Wetter ist es sehr gefährlich, ein Pferd ganz abzuwaschen; es ist auch stets ein Risiko, wenn man das Pferd nicht sofort und rasch wieder trockenbekommt. Benutzt man Seife, muß man sie wieder gründlich herauswaschen, sonst kleben die Seifenrückstände auf der Haut und verursachen Juckreiz. Waschpulver sollte man niemals verwenden, es entzieht der Haut das natürliche Fett und läßt sie austrocknen. Eine saubere Sommer- oder Fliegendecke – ein altes Bettlaken tut es auch – unter der Stalldecke verhindert, daß Staub- und Fettablagerungen von der Decke auf das Fell kommen.

Wenn irgend möglich, sollte der Wagen schon am Tag vor der Prüfung verladen sein, um ein hektisches Hin und Her und mögliche Zwischenfälle zu vermeiden. Findet unsere Prüfung nicht zu früh am Morgen statt, genügt es, wenn wir am Turniertag anreisen.

Am Morgen des Turnier- und Reisetags gibt es dann nicht mehr viel zu tun. Das Pferd wird gefüttert und sollte dann in Ruhe seine Frühmahlzeit zu sich nehmen, was dem Besitzer auch empfohlen wird. Nachher wird es geputzt, die Mähne wird eingeflochten, Kniegamaschen und Schweifschoner werden für die Reise angelegt. Eine dünne Schweißdecke aus Gitterstoff (oder Fliegendecke) kann unter die Stall- beziehungsweise Sommerdecke gelegt werden, und nun ist das Pferd fertig zum Verladen.

Für die Fahrt müssen wir uns unbedingt Zeit nehmen. Ein junges Pferd, das in Hauruck-Manier verladen und dann in forschem Tempo um die Ecken geschaukelt wurde, wird sich nicht in ruhiger, gelöster Manier präsentieren. Ein Besitzer, der niemals hetzt und gelassen jeden Handgriff erledigt, ist die beste Garantie für ein ruhiges Pferd. Sitzt auf dem Bock aber einer, der sozusagen Adrenalin aus allen Poren schwitzt, dann wird sich vor dem Wagen das Nervenbündel Nr. 2 befinden.

Sind wir auf dem Turniergelände angekommen, laden wir das Pferd aus und reiten es am hingegebenen Zügel etwa eine Stunde lang. Anschließend binden wir es an einer Stelle an, von wo aus es alle die interessanten oder auch furchteinflößenden Dinge beobachten kann, die da vorgehen. Später können wir es noch einmal etwa eine Stunde dressurmäßig arbeiten, bevor wir es in den Transporter zurückbringen und dort füttern.

Eine halbe Stunde vor Beginn der Prüfung sollte das Pferd fix und fertig aufgeschirrt und angespannt sein. Wir arbeiten es ruhig im Schritt und Trab, damit es sich gelöst hat, wenn die Teilnehmer aufgerufen werden.

Inmitten zahlreicher Gespanne auf dem Prüfungsplatz ist es das beste, wir halten uns hinter einem ruhigen Pferd, das offensichtlich schon einige Erfahrung besitzt. Zackelnden, augenrollenden Pferden gehen wir möglichst aus dem Weg. Sie können mit ihrem bösen Beispiel die mühsam anerzogenen guten Sitten unseres Neulings sehr rasch verderben. Er ist nur allzu empfänglich für eine solche Stimmung und mag sich unter dem Einfluß eines nervösen Pferdes einbilden, da sei etwas im Busch, wovor man sich aufregen müsse.

Wenn die Teilnehmer aufgerufen werden, ins Viereck einzufahren, sollte man möglichst viel Platz nach vorn lassen. Dann kann man das Pferd noch etwas zulegen lassen, wenn es auf die Hand drückt, und muß es nicht unnötig kurznehmen. Auch bietet sich dem Richter eine bessere Beurteilungsmöglichkeit, wenn er das Gespann allein in den Blick bekommt und nicht in einem Knäuel mit anderen. Es ist ein grober Fehler, wenn die Gespanne dicht an dicht und auf gleicher Höhe mit anderen, zu dreien gar, das Viereck durchfahren. Einmal werden die Pferde nervös, und zum anderen bringt man sich dabei selbst um die Chance (siehe oben), sich vorteilhaft zu präsentieren. Auch sollte man ein junges Pferd niemals gewaltsam antreiben, um es zu einer besonders erhabenen Aktion zu veranlassen. Ein ruhiges, gleichmäßiges Gangmaß ist alles, was bei der ersten Prüfung verlangt wird. Treibt man das Pferd in ein verstärktes Gangmaß, bevor es gelöst und durchlässig ist, wird es entweder eilige Tritte zeigen oder vor Aufregung im Galopp anspringen. Und dieses unerwünschte Verhalten wird dann auch beim nächsten Mal zu befürchten sein. Wir sollten uns damit zufriedengeben, wenn unser Pferd sich gehorsam und ruhig präsentiert hat; es werden im Laufe der Saison noch genügend Prüfungen kommen, in denen es zeigen kann, was alles in ihm steckt.

Im allgemeinen fährt man im Viereck im Uhrzeigersinn, doch kann es sein, daß der Hilfsrichter einzelne Teilnehmer auffordert, die Hand zu wechseln.

Der Richter (beziehungsweise das Richterkollegium) wird für die Placierung solche Pferde auswählen, die Schwung und Selbsthaltung zeigen. Ein Pferd, das ihm auffallen soll, muß energisch antreten und raumgreifende Tritte haben, die mühelos federnd viel Boden decken. Dazu sollte es offensichtlich angenehm in der Hand des Fahrers gehen. Auch muß es vom Typ her als Fahrpferd geeignet erscheinen und zum Wagen passen.

Nach einigen Runden im Viereck werden die Gespanne aufgerufen, sich mit Front zur Tribüne an der langen Seite aufzustellen, und nun beginnt der Richter die Gespannkontrolle. Es geht um den Punkt: Gesamteindruck des Gespanns. Das Pferd wird einer speziellen Musterung in bezug auf seine Eignung als Wagenpferd unterzogen. Ein gutes Wagenpferd hat eine breite, gut bemuskelte Lendenpartie und eine kräftige Hinterhand, eine breite, tiefe Brust, die eine entsprechende Lagerung der Atmungsorgane ermöglicht. Die Schulter braucht nicht so schräg zu sein wie bei einem Reitpferd, doch sollte sie genügend lang und breit sein. Die Vorder- und Hintergliedmaßen müssen kräftig sein und dürfen keine Spuren von Schäden aufweisen, die zu einer Leistungsminderung führen können (Spat, Gallen). Vielleicht am allerwichtigsten ist die korrekte Beinstellung. Das Pferd sollte keine zehenenge Stellung haben. Ein kleiner Kopf und ein gestreckter, gut angesetzter Hals lassen das Pferd vorteilhaft erscheinen (auch sieht ein Kumt ja an einem Hals von genügender Länge besser aus als an einem kurzen Hals). Ein Pferd mit solchem Exterieur wird sich aller Voraussicht nach angenehm fahren lassen. Hat es aber einen plumpen, schweren Kopf mit zu engen Ganaschen und einen kurzen, tief angesetzten Speckhals, wird es dazu neigen, sich auf die Hand zu legen oder zu pullen.

Nun wird der Zustand des Geschirrs untersucht: Paßt alles, und ist alles sauber? Dann kommt der Wagen an die Reihe: Wie ist sein Zustand – stimmt bei ihm alles, ist er rundherum in Schuß –, wie steht es mit dem Gleichgewicht, dem Anstrich und wieder: Ist alles peinlich sauber?

Auch das Zubehör, wie Peitsche, Lampen und Bockdecke wird gemustert, und manch kritischer Blick fällt auf den Anzug des Fahrers. Sind alle Gespanne einer sorgfältigen Kontrolle unterzogen worden, wird der einzelne Fahrer aufgerufen werden, sein Gespann im Viereck vorzustellen (Einzelfahren). Das bedeutet: in ruhigem Schritt von den anderen wegfahren, in Front der Tribüne antraben und in gleichmäßigem Tempo (Gebrauchstrab) auf den Zirkel gehen, nach einer Runde wieder ganze Bahn und im Trab zur Tribünenseite zurückkommen. Dann 10 bis 15 Sekunden Stillstehen (in höheren Klassen kommt das Rückwärtsrichten hinzu) und wieder zu den anderen aufschließen und an seinem Platz Aufstellung nehmen.

Während der Einzelvorstellung wird der Richter ein Auge darauf haben, ob das Pferd sich willig ins Geschirr legt oder ob es „klebt", wenn es von den anderen Pferden weggehen soll. Auch notiert er etwaige Stellungsfehler der Vor- und Hinterhand, wenn er das Pferd im Trab von vorne und von hinten sieht. Besonders deutlich sieht man es, wenn das Pferd „bügelt" oder „fuchtelt", das heißt aufgrund von zehenenger Stellung die Vorderfüße nach außen dreht, oder wenn es sich streicht, das heißt mit einem diagonalen Bein ans andere schlägt – bei zehenweiter Stellung – oder wenn es einen faßbeinigen Gang hat (O-beinig). Auch das Greifen (sich auf die Hakken treten) kommt häufig vor. Bahndisziplin und Gehorsam werden ebenfalls registriert.

Bei der Placierung werden die Schleifen und Ehrenpreise verteilt.

Immer daran denken: Wie die richterliche Entscheidung auch ausfallen mag – sie wird mit einem Lächeln akzeptiert. Niemals sollte man als Teilnehmer an einem Turnier am Richterspruch herumnörgeln oder seine Enttäuschung darüber offen zur Schau tragen, daß man nicht höher placiert wurde. Turnierfahren soll Spaß und Spiel sein; das wird es aber nur so lange bleiben, solange die Wettkampfteilnehmer im rechten Geist antreten.

Ist der Turniertag zu Ende, bringen wir das Pferd zum Transporter, schirren es ab, kühlen die Beine und etwaige Druckstellen und verladen es. Nun gibt es Wasser und Futter, die Transportgamaschen werden angelegt, und alles ist fertig zur Heimreise.

Es ist erfahrungsgemäß von Vorteil, wenn wir das junge Pferd schon bald wieder, vielleicht schon am nächsten oder übernächsten Wochenende, zu einem Turnier bringen. Dabei sollte alles nach dem gleichen Plan ablaufen.

Falls unser Pferd sich ruhig und gehorsam zeigt, können wir mit ihm bald an einem Gelände- und Streckenfahren teilnehmen. Das beste ist, wir hängen uns auf der Strecke hinter ein zuverlässiges Pferd, das von einem alten Turnierhasen gefahren wird, der es bergab weder ins Rennen kommen läßt noch auf halber Strecke plötzlich anhält. Das sind beides Musterbeispiele für schlechten Fahrstil, und wir sind ja bestrebt, die guten Sitten unseres Pferdes nicht durch böse Beispiele verderben zu lassen.

Je öfter unser Pferd an Turnieren teilnimmt, seien es Gebrauchsprüfungen oder Geländefahrten, desto ruhiger und zuverlässiger wird es werden, und desto mehr können wir auch von ihm verlangen. Es wird lernen, auf den langen Seiten einen verstärkten Trab zu zeigen, und wenn es erst völlig ausbalanciert ist und dazu noch die nötige Routine hat, wird es auch auf einen Wink des Fahrers hin sich in besonders erhabener Aktion und schöner Selbsthaltung präsentieren.

Ein völlig durchlässiges, gehorsames und ruhiges Pferd können wir dann auch in Dressurprüfungen und Hindernisfahren vorstellen. Und wir werden sehen: Jetzt ernten wir die Früchte unserer gründlichen, geduldigen Elementarausbildung. Unser Pferd wird seine Prüfung ruhig und nahezu fehlerfrei absolvieren.

Wagen für den Fahrsport
und ihre Geschichte

Es gibt eine Vielzahl verschiedenartiger Wagen, die sich für den privaten Gebrauch eignen. Sie lassen sich jedoch fast alle in fünf Wagentypen einteilen: Phaetons, Gigs, Dogcarts und die aus ihnen entwickelten Fahrzeuge wie Governesscar (Tonne) und die größeren wie Jagdwagen und Break (Wagonette). Für den Vierspänner gibt es noch die Park Coach oder den Drag; auch der Break läßt sich vierspännig fahren. Das Curricle, das Kabriolett und die Cocking Cart waren Wagen speziellen Typs, von denen leider nur noch wenige stilechte Exemplare vorhanden sind.
Kutschen wie der Brougham (=Coupé), der Landauer und die Victoria sind hauptsächlich von einem Kutscher zu fahren, während die anderen Wagentypen Selbstfahrer sind. Die ersteren kommen also für unseren Zweck nicht in Frage.
In den letzten Jahrzehnten des 18. Jahrhunderts entwickelte sich ein Wagentyp, der allgemein als Phaeton bekannt wurde. Er erfreute sich im folgenden Jahrhundert in England ebenso wie auf dem Kontinent großer Beliebtheit.
Der Name Phaëton, der Ende des 18. Jahrhunderts für diese Wagen aufkam, stammt aus der griechischen Mythologie. Phaëton, der Sohn des Sonnengottes Helios, war von dem Wunsch besessen, einmal das Gespann seines Vaters über den Himmel zu lenken. Sein Versuch endete jedoch in einer Katastrophe: Die Sonnenrosse gingen mit ihm durch, und ehe der Sonnengott eingreifen und wieder die Lenkung des Gespannes übernehmen konnte, entstand ein Weltenbrand, bei dem auch Phaëton umkam. (Für Kenner der klassischen Mythologie mochte dies doch eigentlich kein sehr empfehlenswerter Name gewesen sein!) Phaetons wurden in vielen verschiedenen Ausführungen entworfen, für Ein- und Zweispänner und in einzelnen Fällen auch für Viererzüge. Drei Merkmale hatten sie jedoch alle gemeinsam, die sie von den übrigen Wagen unterschieden: Es waren offene Fahrzeuge, die vom Besitzer selbst sportlich zu

fahren waren, alle hatten vier Räder, und alle wurden von einem Vordersitz aus gefahren, der dem Fahrer und einem Beifahrer Platz bot. Besonders elegante Phaetons mit graziös geschwungenen Linien wurden eigens für Damen entwickelt. Für den Herrn gab es sportlichere Ausführungen. Hochnoble Wagen bevorzugte man in der Stadt, während Phaetons aus Korbgeflecht benutzt wurden, um mit Kindern hinaus aufs Land zu fahren. Solche Korbwagen waren nicht so empfindlich wie Kutschen mit einer Lackierung, die leicht Kratzer und Risse bekam.

Der früheste Typ eines Phaetons war der Highflower. Das war ein extrem hohes Vehikel, doch dürften Schilderungen, die von 2,40 m hohen Hinterrädern berichten, übertrieben sein. Sie gehen möglicherweise auf Bilder eines zeitgenössischen Malers zurück, der es um der spektakulären Wirkung willen mit der Wahrheit nicht ganz so genau genommen hat. Wie dem auch sei, jedenfalls wird auch erzählt, daß die jungen Kavaliere damals vom Sitz eines Highflowers aus ihren Damen aus nächster Nähe ein Ständchen brachten – und diese standen dabei auf den Balkonen des ersten Stocks.

Es gab zwei verschiedene Typen von Highflowers. Beide waren Langbaumwagen, das heißt Vorder- und Hinterachse des Wagens waren durch ein langes Rundholz verbunden. Das eine Modell, der Perch (d.h. Langbaum-) High Phaeton hatte einen geraden, hölzernen Langbaum, der einen begrenzten Einschlag der Räder ermöglichte. Der sogenannte Schwanenhals-Phaeton war mit zwei eisernen Langbäumen ausgerüstet. Diese waren in Schwanenhalsform gebogen – daher der Name –, so daß die Vorderräder unter den Kasten laufen und eine volle Drehung ausführen konnten. Dadurch wurde das Fahrzeug leichter manövrierfähig, was besonders in den engen Straßen der Stadt von Vorteil war. Im Londoner Science Museum finden wir eines der wenigen noch erhaltenen Exemplare eines Schwanenhals-Phaetons, bei dem der hoch gekröpfte Langbaum mit den Schwanenköpfchen gut zur Geltung kommt.

Der spätere König George IV. brachte als Prince of Wales das Highflowerfahren sehr in Mode. Man sah ihn und seine jungen Sportsfreunde häufig bei Rennen und im Hyde Park; es wurden sogar Wettbewerbe ausgetragen, bei denen man Viererzüge vor diese halsbrecherisch hohen Vehikel spannte.

Von dem Londoner Kutschenbauer Adams, der zu dieser Zeit lebte, ist folgender Ausspruch über den Highflower bekannt: „Um sich in schwindelnder Höhe da oben zu halten, während die Pferde in voller Pace gehen, muß man artistisches Können besitzen wie ein Seiltänzer. Und man muß schon eine äußerst robuste Natur haben, sonst hält man das Gerüttel und Geschüttel über Stock und Stein einfach nicht aus."
Einige dieser frühen Phaetons waren mit einem Sicherheitsmechanismus ausgerüstet, der vom Fahrersitz aus betätigt werden konnte und zum Deichselkopf ging. Er hatte folgenden Zweck: Falls beim Viererzug die Vorderpferde mit Vorreiter gefahren wurden, also mit Postillion auf dem Sattelpferd, und dieser etwa die Kontrolle verlor oder stürzte und der Kutscher die Stangenpferde nicht mehr sicher in der Gewalt hatte, dann konnte dieser die Vorderpferde lösen, und zwar mit Vorwaage und Strängen.
Etwa 30 Jahre später, im Jahre 1824, gab George IV. den Auftrag, ein sichereres und bequemeres Fahrzeug zu bauen als den Highflower. Daraufhin entwarf man einen kleinen Phaeton, vor den man zwei Ponys spannen konnte. Er hatte niedrige Räder und bot einen leichten Einstieg. Die Linien dieses Fahrzeugs – Wagenkasten und Schutzflügel – waren graziös geschwungen. Das Spritzbrett war recht hoch und leicht nach außen zur Hinterhand der Pferde hin gebogen. Vier Jahre später wurde ein Phaeton nach den genauen Wünschen von Prinzessin Victoria gebaut: Ein Ponyviererzug wurde davorgespannt, ein Vorreiter und ein Stangenreiter lenkten vom vorderen beziehungsweise hinteren (linken) Sattelpferd aus die rechten Ponys.
Diese beiden Wagen des königlichen Marstalls waren die Vorbilder für zahlreiche Phaetons, die man später als Selbstfahrer für Damen baute. Die Form des Wagenkastens und der niedrige Tritt ermöglichten den krinolinenumrauschten Damen ein bequemes Einsteigen und Sitzen, und die Linienführung des Fahrzeugs ließ die Schönheit ihrer Roben voll zur Geltung kommen. Die geschweiften Schutzflügel boten den umfangreichen Gewändern zugleich Schutz vor dem Matsch der Wege, während das hohe Spritzbrett, das sich über dem Hinterteil der Pferde nach vorn wölbte, die Spitzenunterröcke der Damen geziemend vor der Mitwelt verhüllte und auch

einem etwaigen Windstoß keine Chance bot. Solche Phaetons gab es in verschiedenen Größen, für Ponys und Großpferde, sowie in mancherlei Ausführungen. Bei einigen verzichtete man auf die elegant geschwungene Linienführung und ersetzte sie durch einen rechteckigen Wagenkasten. Über dem Spritzbrett befand sich bei manchen noch ein Geländer, die Leinenauflage, damit die Leinen nicht zu tief hingen. Es gab Wagentypen ohne Faltverdeck und solche mit einem Rücksitz für den Bockdiener, den Groom. War kein solcher Sitz vorhanden, begleiteten häufig zwei berittene Grooms die Kutsche. Sie ritten hinterher, und die Trensen ihrer Pferde paßten genau zu den Kopfgestellen der Fahrpferde.

Die Phaetons wurden mit der Zeit immer beliebter; man kannte sie unter den verschiedensten Namen, so George IV.-Phaetons, Damen-Phaetons, Park-Phaetons und Peter-Phaetons (so genannt nach dem Kutschenbauer, der sie herstellte). Die Damen, die diese modischen Kutschwagen lenkten, hatten oft ein Sonnenschirmchen am Stock ihrer Peitsche. Diese war mithin ein reines Dekorationsstück und ihrem eigentlichen Zweck völlig entfremdet (was freilich tadellos gehende Pferde voraussetzte!).

Pferde, die im Zweispänner vor einem Park-Phaeton gingen, mußten besonders nervig sein, ein auffallend schönes Exterieur und eine besonders ausdrucksvolle Aktion besitzen. Es kam vor allem darauf an, daß sie viel Temperament und Schwung besaßen, damit sie repräsentativ genug waren, um sich mit ihnen im Hyde Park zu zeigen. Zugleich hatten sie aber auch absolut gehorsam und durchlässig zu sein und durften niemals pullen. Der Park-Phaeton war das Modell, mit dem man sich absolut standesgemäß bei einer Ausfahrt im sommerlichen Hyde Park präsentieren konnte. Ein solches Fahrzeug und das Gespann stets nach der neuesten Mode herzurichten war ganz ohne Zweifel eine kostspielige Angelegenheit.

Um 1830 machte der Mail Phaeton das Rennen in der Gunst des Publikums. Er wurde sozusagen der Stammvater einer ganzen Reihe von Phaetontypen. Mail, d. h. Postkutschen-Phaeton hieß er, weil er in der Linienführung mit der Postkutsche übereinstimmte. Auch war er mit einem ähnlichen Langbaum ausgerüstet, der ebenfalls einen Radeinschlag von einem Viertelkreis ermöglichte. Dazu besaß er Parallelogrammfedern (siehe Bild 41 c). Die Räder hatten wie bei

Bild 41. Federung:
a) C-Feder
b) Voll-Elliptikfeder
c) Parallelogrammfederung
d) Halb-Elliptik- oder Langfeder

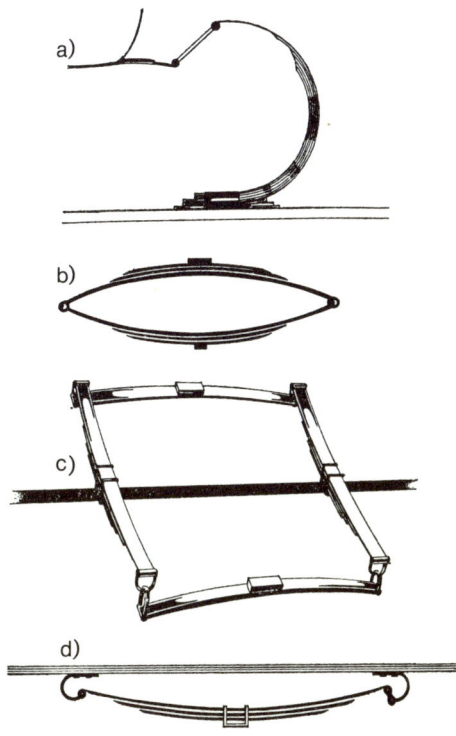

der Postkutsche Stummelachsen (Mailachsen), das bedeutet, daß sie durch drei Bolzen in der Radnabe gesichert waren. Der Mail Phaeton war ein gewichtiges, massives Fahrzeug. Von einem statiös-eleganten Paar Karossiers gezogen und vom hohen Bock herab vom Herrn selber gelenkt, verbreitete dieser Wagen einen Hauch würdevoller Exklusivität.
Gespann und Wagen wurden dem Postkutschencharakter entsprechend herausgebracht. Der Deichselhaken war durch einen Viererzughaken zu ersetzen, so daß man auch eine Vorwaage daranhängen und vierspännig fahren konnte. Auch benutzte man stählerne Aufhalteketten, nicht die sonst beim Selbstfahrer üblichen ledernen Aufhalter.
Der Mail Phaeton wurde sowohl für Stadt- wie für Spazierfahrten benutzt und entsprechend bespannt. Auch für Fahrten über Land und als Postkutsche fand er Verwendung. Dann wurden leichtere, schnellere Pferde vorgespannt. Da man große Mengen Gepäck unterbringen konnte, war der Mail Phaeton auch ein idealer Wagen für längere Reisen.
Es gab auch Fahrzeugtypen, bei denen man den Hintersitz und den etwas bequemeren Fahrersitz unterm Verdeck durch einen raffinierten Drehmechanismus so verstellen konnte, daß der Groom von sei-

nem Sitz aus das Fahrzeug lenkte, während sich der Herr eine Ruhepause gönnte.
Einige wenige Modelle verfügten über drei Bänke, so daß noch zwei Passagiere mehr Platz hatten. Das Fahrzeug war damit sechssitzig und sah aus wie ein Bankwagen, ein kleiner Char-à-bancs. Das war ein aus Frankreich stammender Wagen mit Bänken, der mehrere Fahrgäste aufnehmen konnte und auch für den öffentlichen Reiseverkehr Verwendung fand. Der sechssitzige Phaeton wurde gern benutzt, wenn man mit Gästen zur Jagd fuhr.
Der Wagenkasten des Mail Phaeton hatte meistens eine dunkle Farbe. Die Räder waren häufig rot oder gelb und im allgemeinen ohne Absetzung, d. h. Zierstreifen, denn dies hätte bei einem solchen Fahrzeug zu feminin gewirkt.
Die Pferde trugen schwarze Arbeitsgeschirre mit Messingbeschlägen, dazu wurden häufig braune Kumte verwendet. Es war auch üblich, die Beschirrung der Vorderpferde eines Viererzugs für ein Gespann vorm Mail Phaeton zu benutzen.
Der Demi Mail oder Semi (Halb-) Mail Phaeton, der Stanhope Phaeton und der T Cart Phaeton waren Modelle, die aus dem Mail Phaeton entwickelt worden waren; alle drei waren Selbstfahrer für den Herrn.
Im Unterschied zum Mail Phaeton hatte der Demi Mail Phaeton keinen Langbaum. Ein Langbaumwagen ist für das Pferd schwerer zu ziehen, denn wenn ein solches Fahrzeug an einen Stein stößt, teilt sich der Ruck den Pferden unmittelbar mit. Bei einem Wagen ohne Langbaum wird der Stoß in erster Linie von den Federn aufgefangen, und die Pferde bleiben davor bewahrt. Wagen ohne Langbaum sind gewöhnlich leichter, und man kann mit ihnen bequemer wenden. Das ist vermutlich der Grund, warum mehr Kutschwagen ohne als mit Langbaum gebaut wurden. Voraussetzung war natürlich die Erfindung einer guten Federung.
Der Demi Mail Phaeton hatte vorne keine Parallelogrammfedern, sondern statt dessen Voll-Elliptikfedern. Hinten war er entweder mit Parallelogramm- oder mit Elliptikfedern ausgestattet. Viele Kutschenbauer ersetzen die Mail- beziehungsweise Stummelachsen durch Patentachsen. Bei einigen Varianten des Demi Mail Phaeton wurde für das Vordergestell ein Ausschnitt am Wagenkasten ange-

bracht. Dadurch konnten die Vorderräder besser einschlagen als beim Mail Phaeton. Dazu war dieser Wagentyp auch etwas leichter als sein Vorgänger.

Der Stanhope Phaeton war wieder noch leichter als der Demi Mail Phaeton und konnte nach Belieben zwei- und einspännig gefahren werden. Er wurde aus einer Stanhope Gig entwickelt und hatte hinten zwei Plätze. Der Name stammt von Lord Fitzroy Stanhope, der das erste Modell bei dem berühmten Kutschenbauer Tilbury in Auftrag gab. Der Wagenkasten ruhte auf vier Elliptikfedern; er war vorne bogenförmig ausgeschnitten, damit sich die Vorderräder darunter drehen konnten.

Ein anderes Modell, das ähnlich aussah wie der Stanhope Phaeton, aber noch kleiner und leichter war, kam 1878 auf den Markt. Es wurde bald zum Lieblingsgefährt der Offiziere: ein Einspännerwagen, der vorne für zwei, hinten aber nur für eine Person Platz hatte. Aus der Vogelperspektive bot sich eine Silhouette in Form eines T, daher der Name T Cart Phaeton.

Der allgemein beliebteste Stadtwagen um 1880 war jedoch der Spider Phaeton, der heute noch in England wie auch auf dem Kontinent auf Turnieren gefahren wird (siehe Bild 45). Er entstand, indem man den Wagenkasten einer Tilbury Gig und einen kleinen Rücksitz mit einem eisernen Rahmen verband und das Ganze auf vier Elliptikfedern montierte. Damit hatte man ein brauchbares Gefährt für ein Gespann schnittiger Blutpferde, die in vollendeter Manier gehen mußten. Da das Fahrzeug sehr leicht war und die Pferde daher kaum etwas zu ziehen hatten, konnten sie um so mehr Aktion zeigen.

Zu Anfang des 19. Jahrhunderts war das Kabriolett (siehe Bild 42) der letzte Modeschrei. Es kam aus Frankreich, wurde aber weitaus komfortabler und eleganter ausgestattet und war bald „der" Wagen für den Herrn von Welt: ein zweirädriges Fahrzeug, das in C-Federn hing und mit seinem elegant geschwungenen Wagenkasten mit Verdeck dem Fahrer und einem Beifahrer Platz bot. Eine Decke aus steifem Leder, die die Beine bedeckte und rechts und links befestigt wurde, gewährte Schutz vor Nässe und Kälte, während das bewegliche Verdeck, das man meist halb zurückgeschlagen ließ, Regen, Sonne und neugierige Blicke abwehrte. Die Scherbäume waren

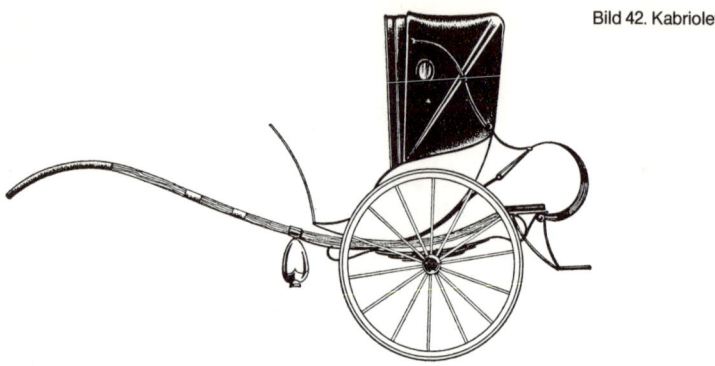
Bild 42. Kabriolett

nach oben gebogen, so daß man auch ein größeres Pferd bequem davorspannen konnte.

Man legte Wert darauf, sein Kabriolett möglichst stilgerecht herauszubringen. Dazu gehörte auch ein Bockdiener, der möglichst klein zu sein hatte und nach seiner gelb-weiß gestreiften Seidenbluse, die er zur Livree trug, „Tiger" genannt wurde. Beim Fahren stand er hinten auf einem Tritt zwischen den C-Federn und hielt sich an zwei Riemen fest. Sobald das Fahrzeug hielt, mußte der „Tiger" vorne am Kopf des Pferdes stehen. Vermutlich sollte nun der Kontrast zwischen dem winzigen Groom und dem rahmigen Pferd, das dadurch noch größer wirkte, einen besonders eleganten Eindruck erwecken.

Für ein Kabriolett war das beste Pferd gerade gut genug. Es mußte ein ansprechendes Exterieur haben und großrahmig sein, außerdem in tadelloser Manier und absolutem Gehorsam gehen. Dazu wünschte man sich schwungvolle Gänge mit viel Vorwärtsdrang, aber kein Pullen. Man hing dem Pferd gern eine Glocke am Kumt an, um vor allem bei Nacht anderen Gespannen zu signalisieren, daß ein rasches Fahrzeug nahte. Ein Kabriolett erstklassig herauszubringen und stets auf dem erforderlichen Niveau zu halten war ganz sicher eine aufwendige Sache.

Hauptsächlich für sportliche Zwecke fand die Cocking Cart, der „Hahnenwagen", Verwendung. Ihr hoher Kutschkasten war über zwei großen Rädern an Halb-Elliptikfedern aufgehängt (siehe von dem berühmten Kutschenbauer Tilbury hergestellt. Die Stanhope Gig, nach den Entwürfen von Sir Fitzroy Stanhope gebaut, wurde zum Vorbild für eine Reihe von Typen, die in der Folgezeit entwickelt wurden. Sie war an zwei Langfedern aufgehängt, die durch je eine Querfeder vorne und hinten miteinander verbunden waren. Dadurch wurde ein bequemeres Fahren ermöglicht. Unter der Bank war ein Kutschkasten, in dem man auch etwas Gepäck verstauen konnte. Die Scherbäume bestanden aus Eschenholz. Sie hatten eiserne Beschläge und waren mit eisernen Streben an den Achsen befestigt. Ein trabendes Pferd ließ die Scherbäume stark ins Schwingen kommen, so daß die Beschläge bald abgewetzt wurden. Später nahm man für die Gabeln tropisches Holz, das besonders elastisch war, und verzichtete auf die Plattierung. Die Pferde konnten auch gleichmäßiger ziehen, als man ein Ortscheit benutzte, das man mit Ketten an den Achsen befestigte.

In der Folgezeit ersetzte man dann die eisernen Räder durch Gummibereifung.

Die Tilbury Gig war ganz ähnlich konstruiert wie die Stanhope Gig, sie besaß jedoch keinen Kutschkasten. Sie ruhte auf sieben Federn und einem eisernen Rahmenwerk. Da kein Kutschkasten vorhanden war, gewann man den – freilich trügerischen – Eindruck, daß die Tilbury Gig leichter war als die Stanhope Gig. In Wirklichkeit war sie aber – vom Kabriolett abgesehen – das schwerste zweirädrige Fahrzeug der damaligen Zeit.

Um 1830 beherrschte die Stanhope Gig mit allen ihren verschiedenen Typen das Straßenbild. Sie erfreute sich besonderer Beliebtheit bei Handlungsreisenden — Vertretern, sagt man heute –, da sie in ihrem Kutschkasten Platz für Musterkoffer bot. Außerdem waren die Fahrzeuge leicht, man benötigte nur ein Pferd, und das Fahren machte keine Schwierigkeiten. So avancierte die Gig rasch zum „Geschäftsfahrzeug Nr. 1"; Geschäftsleute wie Bankiers und Firmeninhaber fuhren darin von ihren Wohnungen am Stadtrand nach London hinein in ihre Büros. Zu den meisten Häusern in den Vorortgegenden gehörte eine kleine Remise für eine Gig, so wie man heute eine Garage am Haus hat.

Auch bei Studenten war die Gig beliebt; man kutschierte in Oxford und Cambridge entweder im Einspänner oder im Tandem.

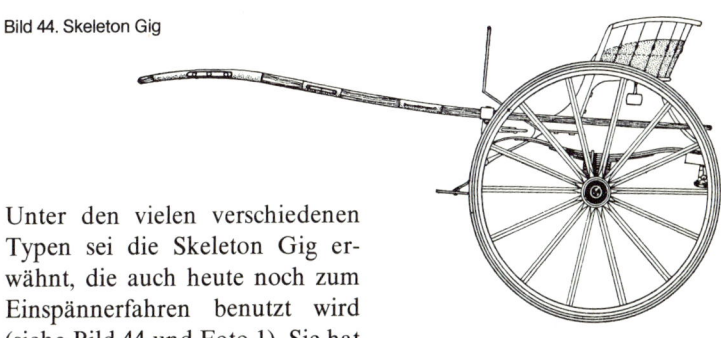

Bild 44. Skeleton Gig

Unter den vielen verschiedenen Typen sei die Skeleton Gig erwähnt, die auch heute noch zum Einspännerfahren benutzt wird (siehe Bild 44 und Foto 1). Sie hat keinen Kutschkasten und einen Skelettrahmen. Indem man statt der geraden Scherbäume Gabeln verwendete, die von den Trageösenhaltern an aufwärts gebogen waren, paßte eine normal hohe Gig auch für größere Pferde.

Bald gab es auch Gigs mit einem Verdeck, die Buggy Gig genannt wurden. Der Name Buggy ist auch für leichte vierrädrige Wagen gebräuchlich; diese stammen ursprünglich aus Amerika. Sie sind nicht alle mit einem Verdeck ausgerüstet.

Aus der Gig entwickelte sich zu Anfang des 19. Jahrhunderts auch die Dogcart (siehe Bild 45). Wie der Name schon sagt, beförderte man damit Hunde, und zwar zur Jagd. Vier Personen fanden darin Platz; die hinter dem Fahrer und Beifahrer sitzenden Passagiere drehten diesen den Rücken zu. Sie stellten ihre Füße auf ein Trittbrett, das an Ketten aufgehängt war. Die Hunde befanden sich unter den Sitzen. Jalousien sorgten dafür, daß sie genügend Luft bekamen.

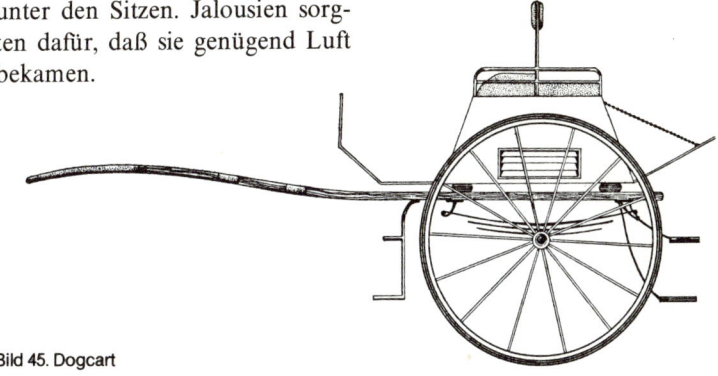

Bild 45. Dogcart

Aus diesem Fahrzeug entwickelte sich bald eine Vielzahl von Typen für jeden Zweck. Man ging auch dem Problem des Ausbalancierens zu Leibe. Es war ja ein Unterschied, ob eine oder vier Personen mitfuhren. Also machte man entweder den ganzen Wagenkasten verschiebbar oder nur die Sitze verstellbar. In beiden Fällen rückte man alles nach vorne, wenn die Rücksitze besetzt waren, beziehungsweise nach hinten, wenn dort niemand mitfuhr. Dogcarts konnte man auch fürs Tandemfahren benutzen, wie dies auch heute noch geschieht. Für diesen Zweck baute man den Fahrersitz höher als den Rücksitz, damit der Fahrer eine bessere Kontrolle über das Tandem-Spitzenpferd hatte. Wenn man die Scherbäume durch eine Deichsel ersetzte, konnte man auch zweispännig fahren.

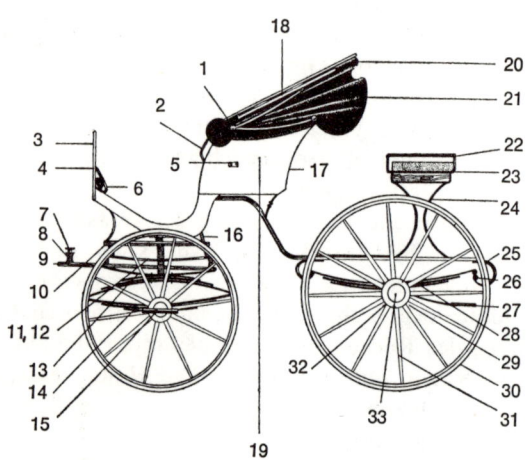

Bild 46. Einzelteile eines Wagens (Spider Phaeton)

1 Kopf des Verdeckgelenks
2 Haltegriff zum Aufsteigen
3 Leinen-Auflage
4 Spritzbrett
5 Eiserner Lampenhalter
6 Kniedecke
7 Docken
8 Waagbalken
9 Deichselschuh
10 Oberes Lager
11 Querholm
12 Lenkkranz (Scheibenrad oder 5. Rad)
13 Unteres Lager
14 Elliptik-Federn
15 Naben- oder Achsentritt
16 Rückwärtige Stütze
17 Wagenkasten
18 Schutzflügel
19 Wappen oder Monogramm
20 Verdeck
21 Verdeck-Oberteil
22 Rücksitzgeländer
23 Rücksitz für Beifahrer (grooms) oder Gepäck
24 Stützen für Beifahrersitz
25 Verzierungen
26 Federblatt
27 Rückwärtiger Tritt
28 Halb-, Elliptik- oder Langfeder
29 Achse, Achsschenkel
30 Radreifen, Felge
31 Speiche
32 Nabe
33 Staubkappe

Später baute man auch vierrädrige Dogcarts, die als Ein- und Zweispänner zu fahren waren. Aus diesen Mehrzweckfahrzeugen entwikkelten sich die Landwagen, mit denen der Bauer Kälber, Schweine oder Hühner zum Markt bringen, aber auch des Sonntags mit der Familie zur Kirche fahren konnte.

Zu den Dogcarts gehören auch die Ralli Carts (siehe Foto 8), sowie die Governesscar oder Tonne. Tonne heißt dieses Fahrzeug nach seiner Form, Governesscar nach seinem Zweck, nämlich der Gattin eines leitenden Beamten für ihre offiziellen und privaten Pflichten zur Verfügung zu stehen und dabei eine hinlängliche Sicherheit zu bieten. Bei diesem tonnenförmigen Vehikel befanden sich die Tür und ein niedriger Einstieg hinten. Das hatte den Vorteil, daß man nicht mit den Zehen unters Rad kommen konnte, falls das Pony zu früh losmarschierte. Der Türgriff befand sich in der Mitte der Tür – und zwar außen. Dies entspricht unserer heutigen Kindersicherung im Auto. Diese Wagen waren so konstruiert, daß Kinder nicht herausfallen und lange Kleider nicht in den Speichen hängenbleiben konnten. Ein Nachteil der Governesscar ist es, daß man in ihr nur etwas seitlich sitzend von der rechten hinteren Ecke aus kutschieren kann, was bei einem pullenden oder schwierigen Pferd nicht sehr günstig ist.

Brakes oder Breaks sind große, vierrädrige Fahrzeuge. Der Name bedeutet Einfahrwagen, von to break „einbrechen", d. h. schulen. Man benutzte sie ursprünglich zum Training, und zwar sowohl von Zwei- wie auch von Vierspännern. Außerdem fanden sie für das Einhornfahren Verwendung, bei dem ein Spitzpferd vor zwei Stangenpferde gespannt wird. Ihrer Größe wegen konnte man mit Breaks auch mehrere Passagiere mit Gepäck befördern. Ein besonders für den Fahrsport und fürs Turnierfahren geeignetes Fahrzeug ist der Jagdwagen, mit dem man zwei- und vierspännig fahren kann. Man sieht ihn häufig auf Turnieren.

Für das Viererzugfahren werden neben dem Break und dem Mail Phaeton schwere Kutschen verwendet, wie die Park Coach oder der Drag. Diese sieht man hauptsächlich bei offiziellen Anlässen oder bei großen internationalen Turnieren.

Die Pflege des Wagens

Man stellt eine Kutsche am besten in einem Raum unter, wo sie vor Hitze, Feuchtigkeit und Ammoniakdämpfen, aber auch vor direkter Sonneneinstrahlung geschützt ist. All dies schadet nämlich der Lakkierung, dem Leder und den Holzteilen, und das sollte man natürlich vermeiden. In einem zu warmen Raum dörrt das Holz aus und verzieht sich, es gibt Risse, und die Lackierung blättert ab. Ist der Wagen länger nicht in Gebrauch, nimmt man am besten die Polsterteile ab und bewahrt sie in Plastiksäcken auf. Man legt kleine Kampferkisschen hinein, um die Motten fernzuhalten.
Bei zweirädrigen Fahrzeugen sollte man die Gabelenden nicht auf der Erde liegen lassen. Man baut sich einen hölzernen Bock, den man etwa in Höhe der Trageösenhalter darunterstellt.
Muß der Wagen gereinigt werden, so spritzt man ihn zuerst mit dem Schlauch ab, damit sich der Schmutz lösen kann. Aber nur fein sprühen, sonst dringt das Wasser ins Holz ein! Dann geht man mit dem Schwamm daran. Den muß man tüchtig naß machen, denn sonst verreibt man den Schmutz, und dieser zerkratzt die Lackierung. Anschließend reibt man alles mit einem Waschleder trocken und poliert mit einem weichen Tuch nach. Überall dort, wo sich Ölspuren befinden können, nimmt man ein Extratuch. Für Lackleder benutzt man eine Reinigungsmilch; man kann auch Putzmittel für Lackschuhe verwenden. Die Metallteile werden mit einem Metallputzmittel behandelt und poliert. Die Polster werden abgebürstet und die Lederriemen und sonstigen Lederteile – lederne Aufhalter, Teile der Federung – mit Sattelseife eingerieben, die aber nur sparsam anzuwenden ist. Die Federhalterungen müssen ab und zu geölt werden. Nach jedem Gebrauch des Ölkännchens sollte man alles Öl, das nicht aufgenommen worden ist, sorgfältig abwischen, sonst läuft es über den Lack und bindet dort zugleich Schmutz und Staub.
Das Verdeck sollte man nicht zusammenklappen. Ein Lederverdeck kann sonst Risse bekommen, während Segeltuchverdecke oft stockig

werden. Lederverdecke werden hin und wieder mit einem Staubtuch abgestaubt und mit etwas Olivenöl eingerieben, damit das Leder weich und geschmeidig bleibt.

Wenn wir unseren Wagen längere Zeit nicht benutzen, sollten wir ihn mit einem weichen Tuch zuhängen. Für den Transport auf der offenen Ladefläche eines Transportfahrzeugs benötigen wir eine wasserdichte Plane, um den Wagenkasten und die Räder vor schlechtem Wetter zu schützen. Die Gabeln sollten wir mit Plastikhüllen umwickeln.

In regelmäßigen Abständen prüfen wir, ob die Räder noch Spiel haben und leicht laufen. Wir schauen auch nach, ob Drehkranz und Räder genügend geschmiert sind. Dazu müssen wir das Fahrzeug aufbocken. Zuerst legen wir die Gabelarme auf ihren Bock. Falls wir einen speziellen Wagenheber für Gigs besitzen, wird dieser an der Achse angesetzt und kann das Fahrzeug so weit anheben, daß sich das Rad ganz vom Boden hebt. Man muß etwas Spielraum lassen, da sich ein Rad gewöhnlich ein wenig tiefer neigt, wenn es keinen Druck von unten mehr hat. Haben wir keinen Wagenheber, dann helfen wir uns mit Öl- oder Teertonnen und Holzklötzen. Eine Tonne stellen wir unter die Achse, und während ein kräftiger Helfer in die Speichen greift und das Fahrzeug auf einer Seite anhebt, schieben wir ein paar Holzklötze zwischen Tonne und Achse. Mit zwei Tonnen rechts und links unter den Achsen können wir sogar bequem beide Räder abmontieren. Wir legen dann noch einen Holzklotz auf den Bock, auf dem die Scheren aufruhen, damit auch diese etwas höher kommen. Falls beide Räder abgenommen werden, empfiehlt es sich, sie zu kennzeichnen, etwa indem wir ein Zettelchen um eine Speiche kleben. Damit stellen wir sicher, daß jedes Rad wieder an seinen Platz kommt. Zuweilen sind die Zubehörteile des Rades auch numeriert, um einer falschen Zusammensetzung vorzubeugen. Die Muttern und Schrauben legt man am besten in zwei kleine Blechbüchsen, auf die man „Rechts" und „Links" geschrieben hat.

Es gibt verschiedene Arten, wie ein Rad am Achsschenkel befestigt sein kann. Hat der Wagen eine Patentachse – das wird bei den meisten der Fall sein –, so müssen wir, bevor wir das Rad abnehmen können, die Ölkapsel entfernen. Sie sitzt auf der Nabe und dreht sich

mit dem Rad. Oft ist auf dieser achteckigen Metallkapsel der Name der Fahrzeugfirma angebracht. Um sie abzunehmen, benötigen wir einen Schraubenschlüssel. Ist die Ölkapsel entfernt, haben wir einen Splint vor uns, der durch die Spitze des Achsschenkels geht. Er dient dazu, die Muttern am Rad festzuhalten. Mit Hilfe einer Drahtzange ziehen wir ihn heraus. Jetzt finden wir zwei sechseckige Schraubenmuttern am Achsschenkel, die eine mit einem Linksgewinde, die andere, etwas größere, mit einem Rechtsgewinde. Das umgekehrte Gewinde soll verhindern, daß sich die Muttern durch die Vibration lockern. Beiden rücken wir mit einem Schraubenschlüssel zu Leibe, wobei wir aber aufpassen müssen, daß wir das Gewinde nicht beschädigen. Das Rad ist jetzt genügend gelockert, um abgenommen zu werden. Wenn es dennoch nicht ganz leicht von der Achse gleitet, so liegt das daran, daß hinter der zweiten Mutter noch der Konus beziehungsweise die Stellscheibe auf dem Achsschenkel sitzt. Wenn man das Rad abnimmt, geht diese Stellscheibe auch mit herunter. Sie soll verhindern, daß die Muttern durch das Drehen der Räder zu sehr in Mitleidenschaft gezogen werden. Die Stellscheibe ist auf der Achse verschiebbar, kann sich aber nicht mitdrehen, da sich auf der Innenseite eine abgeflachte Stelle befindet, die genau mit einer entsprechenden Abplattung auf dem Achsschenkel zusammenpaßt.
Ist das Rad abgenommen, sitzt auf der Achse jetzt noch die Lederscheibe. Sie soll dafür sorgen, daß kein überschüssiges Öl herausläuft und daß das Rad festgestellt werden kann. Ist diese Lederscheibe nicht mehr dick genug, sondern abgewetzt, muß sie erneuert werden. Vielleicht können wir einen Sattler überreden, uns eine neue Scheibe aus einem Lederrest zu schneiden.
Ist das noch vorhandene Öl auf dem Achsschenkel dunkel und verhärtet, müssen die Achsen gründlich mit Paraffin gereinigt werden, nachdem das alte, verbrauchte Öl entfernt wurde. Nun gibt man Öl in die Ölkammer und auf den Achsschenkel. Man sollte daran denken, daß ein zu dickflüssiges Öl dem Rad kein Spiel erlaubt, während ein zu dünnes gewöhnlich herausläuft. Es gibt auch Fahrzeuge, meist amerikanischer Bauart, bei denen das Rad mit nur einem Schraubengewinde auf der Achse befestigt ist. Hat man diese Schraubenmutter gelöst, läßt sich das Rad abnehmen. Die Schrauben lassen sich dabei auf der linken Seite mit dem Uhrzeigersinn

und auf der rechten Seite in der entgegengesetzten Richtung lokkern. Festgedreht werden sie in der gleichen Richtung, in der sich die Räder drehen, wenn das Fahrzeug vorwärtsfährt.
Eine andere Art der Radanbringung haben wir bei Wagen mit einer Mail- oder Stummelachse. Hier wird das Rad von drei Bolzen gehalten. Diese drei Bolzen gehen durch die Nabe und haben vorne und hinten drei Schraubenmuttern. Sie halten eine Metallplatte, die Laufscheibe, die stets auf der Achse bleibt, an der Innenseite der Achse fest. Zum Abnehmen des Rades braucht man nur die drei Schraubenmuttern zu lösen, dann ist das Rad frei und kann von der Achse genommen werden. Man sollte aufpassen, daß man den richtigen Schraubenschlüssel benutzt, sonst beschädigt man das Gewinde.
Wenn wir mit unserem Wagen an Turnieren teilnehmen wollen, werden wir nicht darum herumkommen, ihn alle zwei Jahre neu streichen und lackieren zu lassen. Nur wer über ausreichende Erfahrung verfügt und einen garantiert staubfreien Raum als „Maleratelier" zur Verfügung hat, sollte sich selbst daranwagen, im anderen Falle ist es das beste, einen Fachmann damit zu beauftragen.
Wir können den gesamten Arbeitsvorgang hier nicht im einzelnen beschreiben, sondern wollen ihn nur kurz skizzieren. Der alte Anstrich muß vollständig heruntergeholt werden. Dann sind Risse, Dellen und sonstige beschädigte Stellen auszubessern. Um eine ebenmäßige Oberfläche zu erzielen, sind mehrere Schichten Farbe erforderlich. Jede einzelne Farbschicht muß so aufgetragen werden, daß sie zum Schluß so glatt ist wie eine Glasscheibe.
Um die volle Farbstärke zu erreichen, trug man früher oft 16 Schichten auf. Heute begnügt man sich meist mit neun. Dazu kommt dann noch ein zweimaliges Lackieren. Räder, Gabeln und Federn erhalten eine farbige Absetzung, die Zierstreifen.
Auch das Lackleder hält nicht ewig, es muß von Zeit zu Zeit erneuert werden. Ebenso müssen wir das Bockkissen und die übrige Polsterung ab und zu einmal neu beziehen lassen. Dazu wählen wir am besten eine dunkle Farbe oder beige. Grelle Farben wirken unschön; man sollte sie nicht verwenden. Für den Boden benötigen wir rutschfeste Gummimatten, zum Beispiel Rillengummimatten.

Literaturverzeichnis

ACHENBACH, BENNO VON: Anspannen und Fahren. Nachdruck der Ausgabe von 1925. Aachen 1975
GERBER, DAVID: Fahrhandbuch für Stadt und Land. Pfäffikon 1958
IRMHÄUSER, WILHELM: Gedanken zum Fahrsport. Lehrbeiträge im „St. Georg" Nr. 2, 4, 6/1977
LAMPARTER, CHRISTIAN: Die Fahrlehre. Aachen 1974
LAMPARTER, CHRISTIAN: Fahren mit Pferd und Kutsche. Eine Anleitung für den Freizeitfahrer. Frankfurt 1974
NEINDORFF, EGON VON: Kleine Reit- und Fahrlehre. Stuttgart 1977
OESE, ERICH: Reiten – Fahren – Voltigieren. Melsungen 1973
PAPE, MAX: Die Kunst des Fahrens. Stuttgart 1977
WALROND, SALLIE: Encyclopaedia of Driving. Ilkley, Yorkshire 1974

Firmenverzeichnis

ASTINET, H.: Mainstr. 67, 8760 Miltenberg. Reitsport, Kummetgeschirre.
BRIDLEWAYS OF GUILDFORD LTD.: 53 Quarry Street, London GU1 3UA, England. Maßanfertigung von kompletten Fahrgeschirren und Sattelzeug.
GEHLE, K.: 3041 Wietzendorf/Soltau. Fahrzeugbau.
GOERTZ, F.: Römerstr. 75, 5170 Jülich. Herstellung von Fahrgeschirren.
HAUS, J. B.: CH – 5400 Baden. Kutschenbau.
HESSE, K.: Deenser Str. 72, 3457 Stadtoldendorf. Kutschwagenbau.
HODIBE REITSPORTVERSAND: Neusser Str. 336, 5000 Köln 60. Ponygeschirre.
KÜHNLE, G.: Bösingerstr. 15, 7274 Haiterbach-Baihingen. Kutschwagenbau.
LASTHAUS-DEHL, F., Holzbau: Altenhofer Weg 40, 5000 Köln. Neuanfertigung sowie Reparatur und Generalüberholung von Kutschen und Turnierwagen, Einzelteile nach Maß für Ein- und Mehrspänner.
NIPPEN, H.: Postfach 275, 7512 Rheinstetten 2. Kutschenmarkt und second hand Markt für Reit- und Fahrsportzubehör (wird jährlich veranstaltet).
SCHWARZ, E.: Bielefelder Str., 4804 Versmold. Fahrzeugbau.
VÖLZING, L.: Watzenbornerweg 10, 6300 Gießen. Fahrgeschirre, Fahrsportbedarf.
WINKLER-LEDERIMPORT: An de Beek 2, 2391 Langballig bei Flensburg sowie Rendsburger Str. 300, 2350 Neumünster. Pony- und Pferdekutschen.

Sachregister

Abdeichseln 46, 48 f.
Abspannen 31
Absträngen 31
Achenbach, Benno von 7 f., 50
Achenbachleine 8, 38 ff., 46
Anfahren 27 f., 45 f., 59 f.
Anschirren 16, 58
Anspannen 18 f., 37, 39, 41 ff., 44, 58, 89 f., 91
Anspannung 7, 29, 43, 57, 69, 94
Anspannung, englische 34
Anspannung, ungarische 14, 34, 44
Anzug des Fahrers 101, 111
Arbeitseinteilung 8, 38, 46, 59, 61
Arbeitshaltung 23, 30
Aufhalteketten 34 f., 41, 43, 117
Aufhalter 34, 41, 43 f., 46, 48, 117, 126
Aufschirren 11, 39 f.
Aufsitzen 21, 44
Ausbildung des Fahrers 7
Ausbildung des Pferdes 8, 68 f.
Ausbindezügel 76

Backenstück 16 f., 18 f., 84
Balken 18, 80
Bauchgurt 14, 16, 20 f., 29, 31, 35, 37, 89 f., 97
Bergabfahren 36, 48 f., 64
Bergauffahren 61, 64, 92
Beschlag 107
Blendriemen 16
Bockbrett 24, 59
Bockdecke 27, 44, 94, 101
Bogenpeitsche 27
Break 34, 87 f., 113, 125

Bremse 14, 31, 41, 45, 48 f.
Brownsches Patent (Hintergeschirr) 20
Brustblattgeschirr 14, 34, 37
Buggy Gig 53, 123
Buxtonkandare 39 f., 55

Char-à-bancs 118
Cocking Cart 50, 99, 120 f.

Deichsel 19, 35 f., 37, 41, 43, 46, 48 f., 124
Demi Mail Phaeton 118
Dennett-Gig 121
Docken 19, 38, 41 ff.
Dockenanspannung 41 ff.
Dogcart 29, 34, 53, 94, 113, 123 ff.
Doppelringtrense 17 f.
Doppelschnur 65 ff.
Drängen 46, 49
Drehkranz 41, 127
Dressurhaltung 23, 26, 30

Einfahren 79, 88
Einhornfahren 125
Einspänner 9 f., 11, 14, 17, 34, 50 f., 94, 96, 113, 122, 125
Einspänner-Kumtgeschirr 11 f.
Einspännerleine 24, 48, 79
Einspännerpeitsche 44

Fahrerabzeichen 9
Fahrlehrapparat 25, 54
Fahrlehre 8
Fahrpferd 8, 110
Fahrsport 7 ff., 28, 34, 45, 50, 68, 70, 125
Fahrstil 7, 10
Federung 117 f., 121, 126
Filieren 31

Gabel 19, 32, 52 f., 87 f., 89 f., 95, 102, 122 f., 127
Gabelpferd 52 f., 54 f., 56, 58, 60 ff., 62 f., 64 f., 67
Gabelriemen 14, 31
Gebiß 17 f., 40, 80, 83
Gebrauchshaltung 23 f., 30 f.
Gebrauchsprüfung 103 ff., 112
„Geigen" 28, 86, 91
Geschirr 11, 34, 54, 56 f., 97, 106, 111
Gespannprüfungen 30
Gig 53, 113, 121 f., 127
Gleichgewicht 29
Governesscar 29, 113, 125
Groom 116 f., 120 f.
Grundausbildung 68, 70, 79, 91, 93
Grundhaltung 22, 25
Gummitrense 18

Halten 28, 36, 91
Hand des Fahrers 8, 24, 28, 49, 51, 60, 83
Highflower 114 f.
Hintergeschirr 14, 18 ff., 20, 37, 76 f., 86, 90 f., 97

Jagdwagen 34, 113, 125

Kabriolett 113, 119 f.
Kammdeckel 14 f., 26, 37, 40, 44, 97
Kandare 18, 55
Kappzaum 71, 77, 79 f., 93
Kinnkette 18
Kopfgestell 54 ff., 84 f., 93
Kreuzleine 8, 38 f., 45 ff., 48, 52
Kumt 11 ff., 16, 29, 34, 36 f., 40, 42, 46, 77, 84 f., 86, 94, 97, 111

131

Kumtanspannung 18, 37, 42, 58, 101
Kumtbügel 12 ff., 34 f., 36 f., 86
Kumtgeschirr 11, 27
Kumtgürtel 12 f., 34 f.
Kumtschließer 13 f., 57

Lampen 57, 97 f., 101, 107
Landanspannung 14
Landwagen 34, 97, 125
Langbaum 114, 116, 118
Langring 34 f., 41, 57
Laufring 54 f., 58
Leader 51 ff., 55 f., 58, 60 f., 62 f., 64
Leinen 16 ff., 21 ff., 26 f., 29, 31 f., 38 f., 44 f., 54 f., 58 f., 97
Leinenauflage 32, 116
Leinenauge 12, 16, 21, 31, 37, 40, 52, 55, 58, 76 f., 80, 83 f., 97
Leinenhaltung 52, 59, 61
Leistungsprüfungen 9, 104
Leistungsprüfungsordnung (LPO) 9 f., 95, 101, 103
Linkswendung 30, 63
Liverpoolkandare 17 f., 40
Longe 69 ff., 73, 75, 77, 79 f., 84 f., 87, 90, 93
Longenarbeit 68, 71
Longierpeitsche 69, 71 f.

Mail Phaeton 34, 81, 116 ff.
Mail- oder Stummelachse 117, 129

Normalschnallung 39, 47

Ortscheit 19, 38, 41 ff., 44, 56 f., 58, 60, 85, 122

Patentachse 127
Park Phaeton 94, 116
Peitsche 16, 25 ff., 31, 44, 54, 59, 61, 65 ff., 72 f., 80, 84 f., 94, 101
Peitschenbrett 27
Peitschenhilfe 26, 28, 67
Phaeton 82, 113 ff., 116, 118
Pullen 17, 24, 45, 120

Ralli Cart 100, 125
Random 50
Rechtswendung 30 f., 63
Rosette 16, 35, 54 f., 97
Rückwärtsrichten 49, 92, 111

Sattel 77, 93
Schaumring 18, 40
Scherbäume 119, 121, 123 f.
Scheren 14, 19 f., 29 f., 76, 89, 127
Scherenriemen 14, 19, 76 f., 85 f.
Scheuklappen 11, 16, 35, 55, 84 f., 97
Schlagriemen 14, 90
Schleife legen 22, 62 ff., 64
Schlittenfahren 32
Schlitz 18, 40
Schwanenhalsform 27
Schweifmetze 14 f., 37, 75
Schweifriemen 14, 20, 37, 75 f., 79, 90
Sehnenschoner 32, 71
Sellette 14 f., 16, 20 f., 26, 28, 31, 52, 55 f., 58, 67, 75 ff., 79, 83 f., 90, 93, 97
Sielengeschirr 14, 37
Skeleton Break 87 f.
Skeleton Gig 81, 123
Spider Phaeton 34, 119, 124
Spielwaage 41 ff.
Spitzenpferd (Tandem) 50 f., 53 f., 56, 58, 62, 67, 124 f.
Sprengwaage 41 ff.
Spritzbrett 20, 30, 115 f.
Sprungriemen 14, 16, 35, 37, 57, 97
Stanhope Gig 121 f.
Stirnriemen 16
Streckenfahren 10, 104, 112
Stränge 12, 19 f., 29, 35, 37, 41 ff., 45 f., 56 f., 58 f., 60, 77, 85 f., 89, 97
Strangschnalle 35, 37, 55, 57 f., 77
Streichkappen 32, 71
Sulky 121

Tandem 50 f., 53, 59 ff.
Tandem Cart 53
Tandem-Doppelortscheit 55 f., 57 f.
Tandemfahren 50 f., 53, 59 ff., 95, 124
Tandemleinen 32, 52
Tandempeitsche 65
Tandemschlüssel 55, 58
T Cart Phaeton 118 f.
Tilbury Gig 53
Tilbury-Trageöse 20
Tragegurt 16, 20
Trageösen 14, 16, 18 f., 20, 29, 32, 76 f., 85 f., 89, 95
Trageösenhalter 19 f., 29, 32, 95, 123, 126
Trageriemen 14, 19 f., 21, 29, 76, 95, 97
Trainingsaufbau 68
Trense 70 f., 76 f., 79, 84 f.
Turnier 17, 27, 94, 96, 98, 103, 106 ff., 119, 129

Umgang 14 f., 19, 37, 77

Verkürzen der Leinen 63
Verladen 94, 109
Verlängern der Leinen 63
Verschnallen der Leinen 8, 47
Viererzug 51 f., 58 f., 113 f.
Viererzugphaeton 125
Viererzugleinen 51
Viererzugpeitsche 65, 101

Wagenkasten 29, 115 f., 118 f., 121, 124, 127
Wagenpferd 7, 110
Wagonette 34, 113
Wendung 24, 30, 48 f., 54, 61 ff., 83, 87

Zaumzeug 16
Zweispänner 9 f., 33 ff., 37 f., 45, 51 f., 88, 113, 116, 125
Zweispännerkumtgeschirr 34 ff., 37
Zweispännerpeitsche 44
Zweispännersielengeschirr 36